中华人民共和国行业推荐性标准

公路立体交叉设计细则

Guidelines for Design of Highway Grade-separated Intersections

JTG/T D21—2014

主编单位：中国公路工程咨询集团有限公司
批准部门：中华人民共和国交通运输部
实施日期：2014 年 11 月 01 日

人民交通出版社股份有限公司

图书在版编目（CIP）数据

公路立体交叉设计细则：JTG/T D21—2014／中国公路工程咨询集团有限公司主编．—北京：人民交通出版社股份有限公司，2014.10
ISBN 978-7-114-11761-9

Ⅰ．①公… Ⅱ．①中… Ⅲ．①道路工程—交叉路口—立体交叉—设计标准—行业标准—中国 Ⅳ．①U412.35-65

中国版本图书馆CIP数据核字（2014）第229937号

标准类型：	中华人民共和国行业推荐性标准
标准名称：	公路立体交叉设计细则
标准编号：	JTG/T D21—2014
主编单位：	中国公路工程咨询集团有限公司
责任编辑：	李　农
出版发行：	人民交通出版社股份有限公司
地　　址：	(100011) 北京市朝阳区安定门外外馆斜街3号
网　　址：	http://www.ccpress.com.cn
销售电话：	(010) 59757973
总 经 销：	人民交通出版社股份有限公司发行部
经　　销：	各地新华书店
印　　刷：	北京市密东印刷有限公司
开　　本：	880×1230　1/16
印　　张：	8.5
字　　数：	177千
版　　次：	2014年10月　第1版
印　　次：	2023年3月　第7次印刷
书　　号：	ISBN 978-7-114-11761-9
定　　价：	60.00元

（有印刷、装订质量问题的图书，由本公司负责调换）

中华人民共和国交通运输部

公 告

第 45 号

交通运输部关于发布
《公路立体交叉设计细则》的公告

现发布《公路立体交叉设计细则》(JTG/T D21—2014)，作为公路工程行业推荐性标准，自 2014 年 11 月 1 日起施行。

《公路立体交叉设计细则》(JTG/T D21—2014) 的管理权和解释权归交通运输部，日常解释和管理工作由主编单位中国公路工程咨询集团有限公司负责。

请各有关单位注意在实践中总结经验，及时将发现的问题和修改建议函告中国公路工程咨询集团有限公司（地址：北京市海淀区紫竹院路 116 号嘉豪国际中心 A 座，邮政编码：100097），以便修订时研用。

特此公告。

中华人民共和国交通运输部
2014 年 8 月 29 日

交通运输部办公厅　　　　　　　　　　　　　　2014 年 9 月 2 日印发

前 言

根据交通运输部厅公路字〔2009〕190号文《关于下达2009年度公路工程标准制修订项目计划的通知》的要求，由中国公路工程咨询集团有限公司承担《公路立体交叉设计细则》的制定工作。

公路立体交叉是公路勘察设计的一个重要专业，为完善公路工程技术标准体系，规范公路立体交叉设计，满足我国公路建设不断发展的需要，制定本细则。

本细则编制工作遵循"立足国内现状，针对重点问题，体现当代水平，融入现代理念"的基本原则，以运行安全为主线，体现多方面因素的考虑，在吸收国内外公路立体交叉最新研究成果和设计技术的基础上，形成从控制要素、总体设计、方案设计、几何设计到工程改扩建设计的公路立体交叉设计技术标准体系。

本细则共14章，即：1 总则；2 术语；3 功能与分类；4 控制要素；5 总体设计；6 互通式立体交叉形式；7 匝道横断面；8 匝道平纵面线形；9 匝道超高与加宽；10 连接部；11 匝道端部平面交叉；12 其他设施接入；13 分离式立体交叉与跨线桥；14 立体交叉的改扩建。

本细则第1、2、3、5、6章由刘子剑起草，第4章由周荣贵起草，第7章由杜博英、俞永华起草，第8章由高宏起草，第9章由方靖起草，第10章由王宝起草，第11章由杨少伟起草，第12章由杨少伟、沈顺柳起草，第13章由胡盛起草，第14章由王小忠起草。

请各有关单位在执行过程中，将发现的问题和意见函告本细则日常管理组，联系人：刘子剑（地址：北京市海淀区紫竹院路116号嘉豪国际中心A座，邮政编码：100097，电话：010-58930666，传真：010-58930288，电子邮箱：Liuzj@checsc.com），以便修订时参考。

  主 编 单 位：中国公路工程咨询集团有限公司
  参 编 单 位：交通运输部公路科学研究院
       长安大学
  主　　　编：刘子剑
  主要参编人员：杨少伟　周荣贵　胡　盛　高　宏
       王　宝　王小忠　方　靖　沈顺柳
       杜博英　俞永华

目　次

1 总则 ··· 1
2 术语 ··· 2
3 功能与分类 ··· 6
　3.1 一般规定 ··· 6
　3.2 分类 ··· 6
　3.3 功能与类型选择 ··· 7
4 控制要素 ··· 9
　4.1 一般规定 ··· 9
　4.2 设计车辆 ··· 9
　4.3 设计速度 ··· 9
　4.4 视距 ··· 11
　4.5 交通量与服务水平 ··· 12
　4.6 建筑限界 ··· 13
5 总体设计 ··· 16
　5.1 一般规定 ··· 16
　5.2 基础资料 ··· 17
　5.3 设置条件 ··· 17
　5.4 间距控制 ··· 18
　5.5 主线线形条件 ··· 23
　5.6 出口形式 ··· 25
　5.7 车道连续 ··· 25
　5.8 车道平衡 ··· 27
6 互通式立体交叉形式 ··· 30
　6.1 一般规定 ··· 30
　6.2 设计要点 ··· 30
　6.3 匝道形式 ··· 31
　6.4 一般互通式立体交叉 ··· 34
　6.5 枢纽互通式立体交叉 ··· 37
　6.6 特殊条件下的互通式立体交叉 ··· 41
7 匝道横断面 ··· 44
　7.1 一般规定 ··· 44

7.2	横断面组成与类型	44
7.3	横断面类型的选用	46

8 匝道平纵面线形 ⋯⋯ 48
   8.1 一般规定 ⋯⋯ 48
   8.2 匝道平面 ⋯⋯ 48
   8.3 匝道纵断面 ⋯⋯ 49
   8.4 出口匝道 ⋯⋯ 50
   8.5 入口匝道 ⋯⋯ 53
   8.6 匝道收费广场 ⋯⋯ 53

9 匝道超高与加宽 ⋯⋯ 55
   9.1 一般规定 ⋯⋯ 55
   9.2 横坡与超高 ⋯⋯ 55
   9.3 超高过渡 ⋯⋯ 57
   9.4 加宽 ⋯⋯ 62

10 连接部 ⋯⋯ 65
   10.1 一般规定 ⋯⋯ 65
   10.2 变速车道 ⋯⋯ 65
   10.3 主线相互分、合流 ⋯⋯ 73
   10.4 匝道相互分、合流 ⋯⋯ 77
   10.5 连续分、合流 ⋯⋯ 81
   10.6 辅助车道 ⋯⋯ 83
   10.7 集散道 ⋯⋯ 86
   10.8 交织区 ⋯⋯ 87
   10.9 鼻端构造 ⋯⋯ 88

11 匝道端部平面交叉 ⋯⋯ 92
   11.1 一般规定 ⋯⋯ 92
   11.2 视距 ⋯⋯ 92
   11.3 直行道路 ⋯⋯ 94
   11.4 转弯车道 ⋯⋯ 95
   11.5 被交叉公路侧平面交叉 ⋯⋯ 96
   11.6 匝道平面交叉 ⋯⋯ 101

12 其他设施接入 ⋯⋯ 104
   12.1 一般规定 ⋯⋯ 104
   12.2 服务区 ⋯⋯ 104
   12.3 客运汽车停靠站 ⋯⋯ 107
   12.4 停车区与观景台 ⋯⋯ 110
   12.5 U形转弯设施 ⋯⋯ 110

13 分离式立体交叉与跨线桥 ··· 112
   13.1 一般规定 ··· 112
   13.2 方案选择 ··· 112
   13.3 交叉公路 ··· 112
   13.4 跨线桥 ·· 114

14 立体交叉的改扩建 ·· 117
   14.1 一般规定 ··· 117
   14.2 基础资料 ··· 117
   14.3 现状评价 ··· 118
   14.4 改扩建方案 ··· 119
   14.5 交通组织 ··· 122

本细则用词用语说明 ··· 124

1 总则

1.0.1 为规范公路立体交叉的设计，制定本细则。

1.0.2 本细则适用于公路与公路立体交叉及具有接入需求的其他设施新建和改扩建工程的设计。

1.0.3 公路立体交叉应满足功能、安全和环境保护要求，设计应综合考虑社会条件、交通条件、自然条件、用地和全寿命周期成本等因素。

1.0.4 公路立体交叉应在保证路网和交叉公路功能的前提下满足节点的交通转换功能。

1.0.5 公路立体交叉的改扩建设计应结合既有工程现状和新增交通条件等因地制宜确定改扩建方案。

1.0.6 公路立体交叉设计除应符合本细则的规定外，尚应符合国家和行业现行有关标准的规定。

2 术语

2.0.1 主线 main line
参与交叉的高速公路或具干线功能的一级公路，或在交叉中居主导地位的公路。

2.0.2 被交叉公路 minor cross highway
参与交叉的公路中除主线之外的其他公路。

2.0.3 交叉公路 cross highway
主线及被交叉公路的统称。

2.0.4 节点 highway network node
在路网系统中，两条及两条以上公路的交叉点。

2.0.5 接入控制 access control
对流入和流出主线的交通进行的控制。

2.0.6 分离式立体交叉 grade separation
交叉公路之间立体交叉但互不连通的交叉。

2.0.7 互通式立体交叉 interchange
交叉公路之间立体交叉并相互连通的交叉。

2.0.8 一般互通式立体交叉 service interchange
为地方交通提供接入和转换功能的互通式立体交叉。

2.0.9 枢纽互通式立体交叉 system interchange
为高速公路之间、高速公路与具干线功能的一级公路之间或具干线功能的一级公路之间提供连续、快速的交通转换功能的互通式立体交叉。

2.0.10 复合式互通式立体交叉 composite interchange
相邻互通式立体交叉利用辅助车道、集散道或匝道等相连接而形成的互通式立体交叉组合体。

2.0.11　互通式立体交叉范围　interchange range
主线和被交叉公路受互通式立体交叉几何构造影响的路段。

2.0.12　净距　net distance
主线上两设施之间的净距离，包括加速车道渐变段终点至下一减速车道渐变段起点、加速车道渐变段终点至隧道进口及隧道出口至减速车道渐变段起点等之间的距离。

2.0.13　匝道　ramp
在互通式立体交叉中，交叉公路之间的连接道。

2.0.14　出口匝道　exit ramp
供车辆驶出主线的匝道。

2.0.15　入口匝道　entrance ramp
供车辆驶入主线的匝道。

2.0.16　直连式匝道　directional ramp
车辆按转弯方向直接驶出和驶入的匝道。右转弯时为右出右进；左转弯时为左出左进。

2.0.17　半直连式匝道　semi-directional ramp
车辆未按或未完全按转弯方向直接驶出或驶入的匝道。左转弯时为左出右进、右出左进或右出右进。

2.0.18　基本路段　basic segment
在交叉公路或匝道上，车辆运行不受分、合流和交织影响的路段。

2.0.19　基本车道数　basic number of lanes
根据设计通行能力分析确定的基本路段最少车道数。

2.0.20　交通流线　traffic stream line
单向交通流的运行线路。

2.0.21　出入交通量　exiting-entering volume

流出和流入主线的交通量总和，即所有出口匝道和入口匝道交通量之和。

2.0.22　加速车道　acceleration lane
为来自低速车道的车辆加速并驶入高速车道而设置的附加车道。

2.0.23　减速车道　deceleration lane
为驶离高速车道的车辆减速并驶入低速车道而设置的附加车道。

2.0.24　变速车道　speed-change lane
加速车道和减速车道的统称。

2.0.25　辅助车道　auxiliary lane
为出入主线车辆调整车速、车距、变换车道或为平衡车道等而平行设置于主线直行车道外侧的附加车道。

2.0.26　集散道　collector-distributor road
为隔离交织区、减少主线出入口数量而设置于主线外侧并与主线隔离的附加道路。

2.0.27　鼻端　gore nose
在分流或合流连接部，相邻路面边缘交汇形成的圆形端部。

2.0.28　连接部　connection
匝道与交叉公路之间、主线相互之间或匝道相互之间相连接的部位，包括分、合流车道连接路段及鼻端等。

2.0.29　偏置值　offset value
分流鼻端外侧与相邻车道边缘线之间应保证的路面最小宽度。

2.0.30　偏置加宽值　offset width value
为保证必要的偏置值，分流鼻端外侧与硬路肩外边缘线之间的加宽值。

2.0.31　车道平衡　lane balance
在分、合流连接部，每个方向的车道数保持连续或变化最小，使分、合流前后的车道数之间保持平衡关系。

2.0.32　匝道端部平面交叉　ramp terminal at-grade intersection

匝道与交叉公路或匝道与匝道之间在同一平面上的交叉。

2.0.33 渠化　channelization

在平面交叉以交通岛及标线引导车辆行驶轨迹、减小冲突面积或减少冲突点的方式。

3 功能与分类

3.1 一般规定

3.1.1 公路立体交叉应通过建立空间立体交叉形态，为交叉公路的直行交通提供连续流的运行条件。当公路立体交叉具有交通转换功能时，应通过设置匝道为交叉公路之间的交通转换提供运行条件。

3.1.2 公路立体交叉的采用和类型选择，应根据节点在路网系统中的地位和功能确定，并应综合考虑交叉公路的等级、功能和接入控制要求等因素。

3.2 分类

3.2.1 公路立体交叉可分为分离式立体交叉和互通式立体交叉。

3.2.2 互通式立体交叉可分为一般互通式立体交叉和枢纽互通式立体交叉两种基本类型，并可根据交叉岔数、交叉形状、交叉方式和方向连通程度等按下列规定分类：
 1 按交叉岔数可分为三岔交叉、四岔交叉和多岔交叉互通式立体交叉。
 2 按互通式立体交叉的形状可分为喇叭形、苜蓿叶形、菱形、环形、涡轮形、T形、Y形和叶形互通式立体交叉等。
 3 按交通流线的交叉方式，可分为完全立体交叉型和平面交叉型互通式立体交叉。
 4 按方向连通程度可分为完全互通型和不完全互通型互通式立体交叉。

条文说明

 1 当交叉岔数超过四岔时，均称为多岔交叉。
 3 完全立体交叉型即所有交通流线之间的交叉均为立体交叉；平面交叉型则在部分交通流线之间存在平面交叉。
 4 完全互通型即所有交通流方向均被连通。不完全互通型则尚有部分交通流方向未被连通，即缺省部分交通流线。交通流线数目与交叉岔数之间具有如下关系：

$$N = n(n-1) \tag{3-1}$$

式中：N——交通流线数目；

n —— 交叉岔数。

3.3 功能与类型选择

3.3.1 各级公路节点应按下列规定选用立体交叉：

1 高速公路：应完全限制接入，所有节点应采用立体交叉，入口和出口匝道的接入间距和数量应受到严格控制。

2 一级公路：应部分限制接入。当具干线功能时，与一级公路相交的节点应采用立体交叉；与二级公路相交的节点宜采用立体交叉；与二级以下公路相交的节点应根据接入控制要求确定是否采用立体交叉。当具集散功能时，与具集散功能的一级公路相交的节点宜采用立体交叉；与一级以下公路相交的节点应根据接入控制和设计通行能力要求等确定是否采用立体交叉。

3 二级公路：根据接入控制要求、设计通行能力、现场条件和综合效益等，与二级及二级以下公路相交的个别节点可采用立体交叉。

条文说明

接入控制即对不同等级和功能的公路提出相应的接入方式、间距和数量要求，是保证公路功能的重要措施。而公路立体交叉又是接入控制的重要手段，故公路等级、功能和接入控制要求等是采用立体交叉的重要依据。

3.3.2 一般互通式立体交叉应为地方交通提供接入和交通转换功能。枢纽互通式立体交叉应满足交叉公路直行及转换交通连续、快速通行的需要。

3.3.3 互通式立体交叉类型的选择应符合下列规定：

1 被交叉公路为双车道公路或具集散功能的一级公路的互通式立体交叉，宜采用一般互通式立体交叉。

2 高速公路之间、高速公路与具干线功能的一级公路之间或具干线功能的一级公路之间相交叉的互通式立体交叉，宜采用枢纽互通式立体交叉。

3 设置匝道收费站的互通式立体交叉可按一般互通式立体交叉设计。

4 一般互通式立体交叉可采用平面交叉型。

5 枢纽互通式立体交叉宜采用完全立体交叉型。

6 当个别方向无交通转换需求，或虽存在少量交通转换需求但完全连通特别困难时，可采用不完全互通型，未连通方向的交通转换功能应通过路网交通组织由邻近节点承担，并应与完全互通型综合比较论证后确定。

条文说明

6 国内外研究成果及应用实践表明，由于社会发展的动态性，要准确预测交通量十分困难,故不完全互通型在满足使用功能方面往往存在较大风险,而一旦需要增补匝道时,其修建难度和投入成本比一次性建成更大。因此,本款规定不完全互通型的采用应经综合比较论证后确定。

3.3.4 当节点存在交通转换需求,但由于间距控制或现场条件限制等原因采用分离式立体交叉时,其转弯交通应通过路网交通组织由邻近节点承担,并应与互通式立体交叉或互通式立体交叉分期修建方案比较论证后确定。

4 控制要素

4.1 一般规定

4.1.1 公路立体交叉设计的控制要素应包括设计车辆、设计速度、视距、交通量、服务水平和建筑限界等。

4.1.2 控制要素应作为公路立体交叉设计的基本依据。

4.2 设计车辆

4.2.1 公路立体交叉设计应采用小客车、大型客车、铰接客车、载重汽车和铰接列车等作为设计车辆，交通量换算宜采用小客车为标准车型。

4.2.2 当有大量集装箱、重大装备和国防等运输需求时，公路立体交叉设计宜采用最大车辆作为验算车辆，对匝道和平面交叉转弯车道的圆曲线半径、加宽和视距等设计指标进行验算，当不满足最大车辆的通行要求时，应对相关技术指标进行调整。

4.3 设计速度

4.3.1 公路立体交叉范围内，交叉公路设计速度应采用基本路段的设计速度。当交叉公路在象限内转弯时，在互通式立体交叉范围内的设计速度可适当降低，但与相邻路段设计速度差不应大于20km/h。

条文说明

在象限内转弯的交叉公路，如在三岔Y形枢纽互通式立体交叉内转弯的交叉公路、在四岔枢纽互通式立体交叉象限内转弯的主交通流线等。为保证基本车道的连续性，这些交通流线按交叉公路的延续路段设计，但其线形指标往往难以达到基本路段的标准，故本条规定其设计速度在互通式立体交叉范围内可适当降低。

4.3.2 匝道基本路段设计速度应根据互通式立体交叉类型和匝道形式等取值，取值范围应符合表4.3.2的规定。

表4.3.2 匝道基本路段设计速度的取值范围

匝道类型		直连式		半直连式		环形匝道	
		标准型	变化型	内转弯式	外转弯式	标准型	变化型
一般互通式立体交叉	设计速度（km/h）	40~60	30~40	—	40~60	30~40	30~40
	匝道形式			—			
枢纽互通式立体交叉	设计速度（km/h）	60~80	50~60	60~80	40~60	40	40
	匝道形式						

4.3.3 匝道连接部等特殊路段的设计速度应结合相邻路段的运行条件确定，并应符合下列规定：

1 出口匝道在分流鼻端附近的设计速度可参照表4.3.3所列分流鼻端通过速度取值，但不应小于匝道基本路段的设计速度。

2 入口匝道在合流鼻端附近的设计速度可采用匝道基本路段的设计速度。

表4.3.3 出口匝道分流鼻端通过速度

主线设计速度（km/h）		120	100	80	60
分流鼻端通过速度（km/h）	一般值	70	65	60	55
	最小值	65	60	55	45

条文说明

出口匝道分流鼻端的通过速度是确定出口匝道线形指标和控制出口匝道几何设计的重要依据，该速度根据运行速度现场观测和减速过程分析计算确定。

4.3.4 按设计速度完成匝道线形设计后，宜对线形指标变化较大路段进行运行速度的检验，当不满足相邻路段运行速度连续性或设计速度与运行速度一致性的要求时，应调整匝道平纵面线形或修正超高和视距等指标。

4.4 视距

4.4.1 在规定的视距范围内，驾驶人视线不得受到固定物体的遮挡或影响。

4.4.2 交叉公路基本路段的视距应采用相应等级公路规定的停车视距，在分流鼻端之前宜采用表4.4.2规定的识别视距，当条件受限时，识别视距不应小于1.25倍的停车视距。

表 4.4.2 识别视距

设计速度（km/h）	120	100	80	60
识别视距（m）	350~460	290~380	230~300	170~240

条文说明

识别视距为驾驶人从发现并识别前方障碍物或方向改变到避让障碍物或调整操作所需要的距离。

4.4.3 匝道基本路段的视距应采用停车视距，停车视距不应小于表4.4.3的规定值。

表 4.4.3 匝道停车视距

匝道设计速度（km/h）		80	70	60	50	40	35	30
停车视距（m）	一般地区	110	95	75	65	40	35	30
	积雪冰冻地区	135	120	100	70	45	35	30

条文说明

停车视距为驾驶人从发现并识别前方障碍物到制动停车所需要的距离，并在此基础上增加5~10m的安全距离。一般地区的停车视距按湿润状态的路面条件计算确定，积雪冰冻地区的停车视距按结冰状态的路面条件计算确定。

4.4.4 在交通组成以大型车为主或对载重汽车视距有影响的路段，交叉公路和匝道的视距不应小于表4.4.4规定的货车停车视距。

4.4.5 对下列路段应进行视距的检验：

1 当圆曲线内侧有桥墩、护栏、路堑边坡和植物等有碍通视的物体，且圆曲线半径较小时，对弯道内侧的车道应进行停车视距的检验，对分流鼻端前的路段应进行识别视距的检验。

2 当分隔带有护栏、防眩板和植物等视线遮挡物，且圆曲线半径较小时，对弯道外侧靠近分隔带的车道应进行停车视距的检验。

表4.4.4 货车停车视距（m）

设计速度（km/h）			120	110	100	90	80	70	60	50	40	35	30
纵坡坡度（%）	下坡	0	245	210	180	150	125	100	85	65	50	42	35
		3	265	225	190	160	130	105	89	66	50	42	35
		4	273	230	195	161	132	106	91	67	50	42	35
		5	—	236	200	165	136	108	93	68	50	42	35
		6	—	—	—	169	139	110	95	69	50	42	35
		7	—	—	—	—	—	—	70	50	42	35	
	上坡	0	245	210	180	150	125	100	85	65	50	42	35
		3	230	196	168	140	116	94	82	61	44	37	30
		4	226	193	165	138	114	93	80	60	44	37	30
		5	—	189	162	136	112	91	79	60	44	37	30
		6	—	—	—	133	111	90	79	59	43	36	30
		7	—	—	—	—	—	—	—	59	43	36	30

4.4.6 视距检验所采用的相关参数应根据车型和视认对象确定，并应符合下列规定：
1 停车视距：视高1.2m，物高0.1m。
2 货车停车视距：视高2.0m，物高0.1m。
3 识别视距：视高1.2m，物高为0。

条文说明

（1）视高：除货车视距为货车驾驶人视高外，其余均为小客车驾驶人视高。

（2）物高：停车视距和货车停车视距为路面障碍物高度；识别视距的视认对象为路面标线，故物高为0。

4.5 交通量与服务水平

4.5.1 在工程可行性研究阶段，公路立体交叉方案设计可采用年平均日交通量。年平均日交通量应采用主线交通量预测年限或立体交叉建成通车后第20年的预测交通量。

4.5.2 在设计阶段，公路立体交叉设计应采用设计小时交通量，并应符合下列规定：
1 设计小时交通量宜采用年第30位小时交通量，也可根据立体交叉功能和当地小时交通量的变化特征采用20~40位小时之间最为经济合理时位的小时交通量。设计小时交通量应按式（4.5.2）换算：

$$DDHV = AADT \cdot K \cdot D \quad (4.5.2)$$

式中：$DDHV$ ——设计小时交通量（pcu/h）；
　　　$AADT$ ——年平均日交通量（pcu/d）；
　　　K ——设计小时交通量系数，根据交叉公路功能、交通量、地区气候和地形等条件确定；
　　　D ——方向不均匀系数，根据当地交通量观测资料确定，当资料缺乏时，可在50%~60%范围内选取。

2　互通式立体交叉设计应提供节点交通量分布图，明确各方向和各路段的设计小时交通量。

条文说明

本细则所涉及交通量均指单位时间内的当量小客车数量。

4.5.3　公路立体交叉范围内的交叉公路、匝道、分流区、合流区、交织区和集散道的服务水平分为六级。交叉公路设计服务水平应按相应公路功能及等级选取；匝道、分流区、合流区、交织区和集散道的设计服务水平可比主线低一级，但不应低于四级。

4.5.4　当设计服务水平采用四级时，匝道基本路段单车道和双车道的设计通行能力可由表4.5.4取值。

表4.5.4　匝道基本路段的设计通行能力

匝道设计速度（km/h）		80	70	60	50	40	35	30
设计通行能力（pcu/h）	单车道	1 500	1 400	1 300	1 200	1 000	900	800
	双车道	2 900	2 600	2 300	2 000	1 700	1 500	1 300

4.6　建筑限界

4.6.1　交叉公路的建筑限界应符合现行《公路工程技术标准》（JTG B01）的有关规定。

4.6.2　匝道的建筑限界应符合图4.6.2及下列规定：
1　净空高度不应小于5.0m。
2　顶角宽度应根据硬路肩宽度取值，当硬路肩宽度小于或等于1.0m时，顶角宽度应与硬路肩同宽；当硬路肩宽度大于1.0m时，顶角宽度应为1.0m。当仅有路缘带时，硬路肩宽度为路缘带宽度。
3　侧向余宽不应小于0.25m。在侧向余宽0.25m范围内，分隔带、检修道、人行道或其他固定物的高度不应大于0.25m。
4　车道宽度应包含基本车道、附加车道宽度和连接部加宽部分等。

5 隧道路段两侧硬路肩宽度应与隧道外路段的硬路肩宽度保持一致。

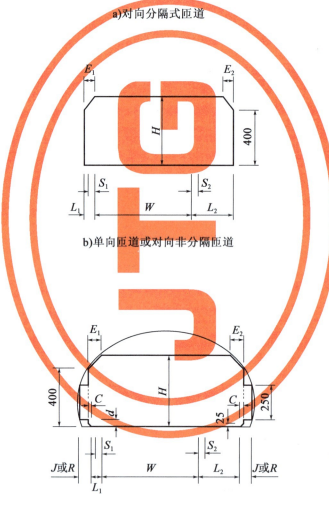

图 4.6.2 匝道的建筑限界（尺寸单位：cm）

H-净空高度；E_1-左侧顶角宽度；E_2-右侧顶角宽度；C-侧向余宽；W-车道宽度；S_1-左侧路缘带宽度；S_2-右侧路缘带宽度；L_1-左侧硬路肩宽度；L_2-右侧硬路肩宽度；M_1-中间带宽度；M_2-中央分隔带宽度；J-检修道宽度；R-人行道宽度；d-检修道或人行道高度

4.6.3 建筑限界的边界线划定应符合下列规定：

1 在正常路拱路段，上缘边界线应为水平线，两侧边界线应与水平线垂直[图4.6.3 a)]。

2 在设置超高或单向横坡路段，上缘边界线应与路面横坡平行，两侧边界线应与路面横坡垂直[图4.6.3b)]。

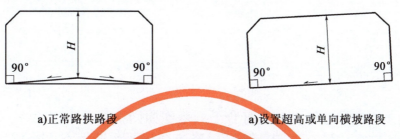

a)正常路拱路段　　　　　　　　　a)设置超高或单向横坡路段

图4.6.3 建筑限界的边界划定

4.6.4 当跨线构造物位于下穿公路凹形竖曲线上方时，净空高度应按最大设计车辆的有效净空控制（图4.6.4）。

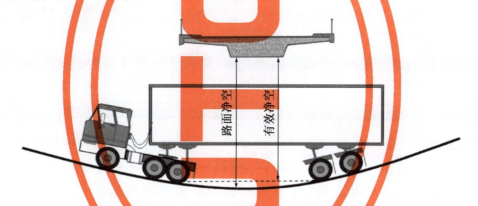

图4.6.4 凹形竖曲线上方有效净空示意图

5 总体设计

5.1 一般规定

5.1.1 公路立体交叉总体设计应符合下列基本原则：

1 多因素原则。应综合考虑功能、安全、环境、资源、全寿命周期成本、驾乘者的舒适和便利等因素。

2 系统性原则。组成节点系统的各单元之间、节点与整体路网系统之间、节点与环境之间应相互协调。

3 一致性原则。公路立体交叉形式、几何构造及信息分布等应与驾驶人期望相一致，并应与车辆行驶动力特征相适应。

4 连续性原则。交通流运行方向、车道布置和运行速度等应具有连续性。

条文说明

驾驶人期望指驾驶人依据过去的成功操作方式对运行环境所做出的下意识反应，经训练和长期经验的积累形成。与驾驶人期望相一致的设计可有效减少驾驶人反应和决策时间，因此一致性设计原则是立体交叉设计的基本原则之一。

5.1.2 公路立体交叉总体设计应包括下列主要内容：

1 在工程可行性研究阶段，应提出总体设计目标、设计思想和设计原则；全面分析路网结构，明确主线、被交叉公路及节点的功能定位；根据预测交通量和建设条件，拟定节点基本类型、基本形式和建设规模等。

2 在设计阶段，应在工程可行性研究成果及批复意见的基础上，进一步明确总体设计原则；分析并选定交叉位置；根据交通量分布及其组成，确定交通流线主次、匝道形式、匝道车道数及匝道连接方式。在初步设计阶段，应结合现场建设条件及各方面影响因素，比选并推荐公路立体交叉设计方案。

3 对于交通组织和交叉形式复杂的公路立体交叉，在设计阶段应进行运行特征分析和运行安全性评价。

5.1.3 互通式立体交叉、服务区和停车区等有接入需求的所有设施应纳入全线总体布置，相邻出、入口间距应满足本细则相应规定的要求。

5.2 基础资料

5.2.1 公路立体交叉设计应全面收集项目区域及工点有关社会资料、交通资料和自然条件资料等，并应满足相应设计阶段的深度和要求。

5.2.2 社会资料应包括项目区域国民经济与社会发展现状及规划、城镇分布及规划、产业布局及规划、土地开发规划、水利工程及规划、文物分布情况、相关单位及公众的意见和要求等。

5.2.3 交通资料应包括项目区域路网结构及规划、综合交通运输体系及规划、交通量分布及其组成等。当路网结构或交通源的分布有较大变化时，应对上阶段交通资料做补充调查和分析。

5.2.4 自然条件资料应包括项目区域及工点地形、地物、地质、水文、气象、植物、野生动物和矿产资源等资料。

5.3 设置条件

5.3.1 公路立体交叉的设置应综合考虑路网结构、节点功能、交叉公路功能及等级、交通源的分布、自然条件和社会条件等因素。

5.3.2 符合下列条件者应设置互通式立体交叉：
1 高速公路之间及其与一级公路相交处。
2 高速公路、一级公路与通往县级以上城市、重要的政治或经济中心的主要公路交叉处。
3 高速公路、一级公路与通往重要工矿区、港口、机场、车站和游览胜地等重要交通源的主要公路交叉处。
4 具干线功能的一级公路之间相交处。
5 当平面交叉的通行能力不足或出现频繁的交通事故时。
6 当有地形或场地条件可利用，使设置互通式立体交叉的综合效益大于设置平面交叉时。

5.3.3 符合下列条件者应设置分离式立体交叉：
1 高速公路除设置互通式立体交叉外的其他节点。
2 具干线功能的一级公路除设置互通式立体交叉外的其他节点，当需采取减少横向干扰措施且被交叉公路不能在此被中断时。

3 二、三、四级公路之间的交叉，当直行交通量大、可不考虑交通转换且地形条件适宜时。
4 远期规划为互通式立体交叉的节点。

5.3.4 互通式立体交叉位置的选择应符合下列规定：
1 互通式立体交叉应能为主交通源提供近便的服务。
2 互通式立体交叉的位置宜避开不良地质、陡峭地形、基本农田、经济林、文物古迹、水产和矿产资源等。
3 被交叉公路应有与互通式立体交叉出入交通量相适应的通行能力。
4 分配到区域路网中的互通式立体交叉出入交通量不应使相关公路或路段的交通负荷过重。

5.4 间距控制

5.4.1 高速公路互通式立体交叉的平均间距应符合下列规定：
1 大城市或大型工业区附近，平均间距宜为5～10km。
2 其他地区，平均间距宜为15～25km。

条文说明

互通式立体交叉平均间距的控制是保证高速公路营运功能及合理控制建设规模的措施之一。平均间距根据国内大量统计资料、多元线性回归模型分析及熵模型原理推算等确定。其影响参数包括主线直接影响区内的人口数、GDP、公路客运量、公路货运量、交通量和主线长度等。

5.4.2 高速公路相邻互通式立体交叉的间距不宜大于表5.4.2的规定值。受沿线路网密度和交通源的分布等影响，当间距超过该规定值时，应在相邻互通式立体交叉之间加设U形转弯设施，且U形转弯设施与相邻互通式立体交叉的最大间距应符合表5.4.2的规定值。

表5.4.2 高速公路相邻互通式立体交叉的最大间距

地 区 类 别		最大间距（km）
一般地区		30
特殊地区	大城市或大型工业园区附近	20
	荒漠戈壁和草原地区	40

5.4.3 互通式立体交叉之间、互通式立体交叉与其他设施之间的距离不宜小于表5.4.3的规定值。

表 5.4.3 互通式立体交叉及其他设施的最小间距

相邻设施种类	最小间距（km）
一般互通式立体交叉与枢纽互通式立体交叉之间	4.5
一般互通式立体交叉之间	4.0
互通式立体交叉与服务区、停车区、U形转弯设施之间	

5.4.4 受路网结构或其他特殊情况限制，当互通式立体交叉之间、互通式立体交叉与其他设施之间的距离不能满足本细则第5.4.3条的规定时，经论证间距可适当减小，但应符合下列规定：

1 当相邻互通式立体交叉或其他设施分别独立设置时，相互之间的净距不应小于表5.4.4的规定值（图5.4.4）。

表 5.4.4 互通式立体交叉及其他设施的最小净距

主线设计速度（km/h）		120	100	80	60
互通式立体交叉之间最小净距（m）	主线单向双车道	800	700	650	600
	主线单向3车道	1 000	900	800	700
	主线单向4车道	1 200	1 100	1 000	900
互通式立体交叉与服务区、停车区之间最小净距（m）	主线单向双车道	700	650	600	600
	主线单向3车道	900	850	800	700
	主线单向4车道	1 100	1 000	900	800

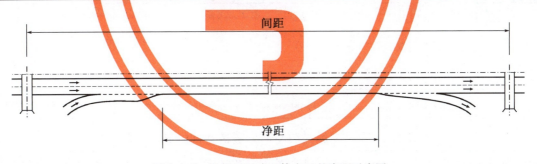

图 5.4.4 相邻互通式立体交叉的净距示意图

2 当相邻互通式立体交叉的净距小于表5.4.4的规定值，且经多方案比选论证两者必须设置时，应根据其距离大小，利用辅助车道、集散道或匝道连接形成复合式互通式立体交叉。

3 应提前设置完善的下游互通式立体交叉或其他设施的出口预告等指路标志。

条文说明

（1）本细则第5.4.3条规定的最小间距，为满足相邻入、出口之间设置完整标志和维持交通流稳定所需要的最小间距，也是要求普遍遵守的规定。因此第5.4.4条规定，仅在受路网结构或其他特殊情况限制时间距才可适当减小，并应经论证后确定。

（2）最小净距是独立互通式立体交叉的最小控制标准，指相邻入、出口之间主线基本路段的最小长度。最小净距根据车辆驶离主线全过程所需要的距离确定，该过程包括驾驶人认读标志、行动决策、寻找间隙、变换车道和出口确认等，所需要的距离与运行速度和变换车道的数目等有关。

（3）随着净距的减小，出入交通流对主线直行交通流的干扰越来越大，当净距小于车辆驶离主线全过程所需要的距离时，难免造成交通流紊乱或形成安全隐患。因此本条第2款规定，当相邻互通式立体交叉的间距小于最小净距的要求，且经多方案比选论证两者必须设置时，应将两者合并形成复合式互通式立体交叉。

（4）当距离不能满足本细则第5.4.3条的规定时，一般情况下仅能设置部分指路标志，故本条第3款规定应提前设置完善的出口预告等指路标志。

5.4.5 互通式立体交叉及其他设施与隧道之间的距离应符合下列规定：

1 隧道出口端与前方主线出口的间距宜满足设置全部指路标志的需要。当受现场条件限制时，间距可适当减小，但隧道与前方主线出口之间的净距不宜小于表5.4.5-1的规定值［图5.4.5a)］，且应提前于出隧道之前开始设置完善的出口预告等指路标志。

2 主线入口与前方隧道之间的净距不宜小于表5.4.5-2的规定值［图5.4.5b)］。

表5.4.5-1 隧道与前方主线出口之间的最小净距

主线设计速度（km/h）		120	100	80	60
最小净距（m）	主线单向双车道	500	400	300	250
	主线单向3车道	700	600	450	350
	主线单向4车道	1 000	800	600	500

表5.4.5-2 主线入口与前方隧道之间的最小净距

主线设计速度（km/h）	120	100	80	60
最小净距（m）	125	100	80	60

3 当地形特别困难，不能满足上述净距要求而互通式立体交叉及其他设施必须设置时，应结合运行速度控制和隧道特殊结构设计等，提出完善的交通组织、管理和运行安全保障措施，经综合分析论证后确定设计方案。

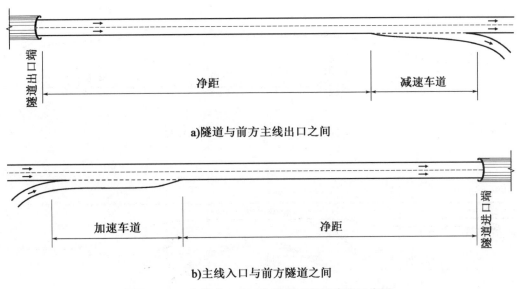

图 5.4.5 主线出、入口与隧道之间的净距示意图

条文说明

1 随着我国山区高速公路的发展，隧道与前方主线出口之间的净距普遍偏小的情况越来越多。为此，本款规定的最小净距仅考虑了车辆出隧道后驶离主线的运行过程所需要的最小距离，该过程包括驾驶人明适应、寻找间隙、变换车道和出口确认等，而出口预告标志的辨认、读取和行动决策等过程均假定在出隧道之前完成，故同时规定应采取提前于出隧道之前开始设置完善的出口预告标志等交通管理措施。

2 本款规定的最小净距为刚驶入主线的车辆在进入隧道前的安全准备距离，包括车辆驶入主线后调整车速和位置等所需要的最小距离。

3 当不能满足最小净距要求时，如果交通组织不到位，将可能出现在受明适应影响的洞口路段变换车道、短距离内强行变换车道或错过出口等不利情况，因此本款规定应提出完善的交通组织、管理和运行安全保障措施，并应经综合分析、论证。这些措施根据实际净距的大小而各有不同。

5.4.6 互通式立体交叉及其他设施与主线收费站之间的距离应符合下列规定：

1 收费站与前方主线出口的间距宜满足设置全部指路标志的需要。当受现场条件限制时，间距可适当减小，但收费站与前方主线出口之间的净距［图5.4.6a)］不宜小于600m；主线入口与前方收费站之间的净距［图5.4.6b)］不宜小于200m。

2 当因现场条件限制不能满足本条第1款的净距要求时，主线出、入口与收费站之间宜采用辅助车道相连接，且收费站与前方主线出口之间的辅助车道长度［图5.4.6c)］不宜小于600m；主线入口与前方收费站之间的辅助车道长度［图5.4.6d)］不宜小于表5.4.6的规定值。

3 当按净距或辅助车道长度控制间距时，收费站前方出口预告等指路标志应提前于收费站之前开始设置完善。

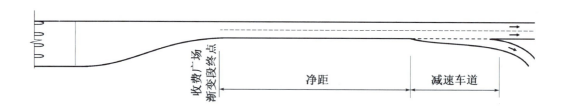

a) 收费站与前方主线出口之间的净距

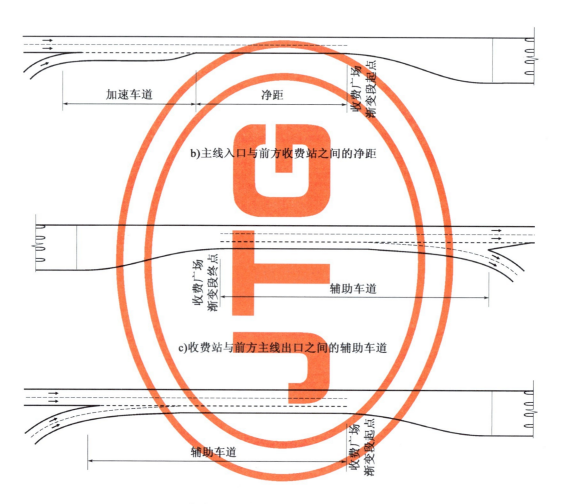

b) 主线入口与前方收费站之间的净距

c) 收费站与前方主线出口之间的辅助车道

d) 主线入口与前方收费站之间的辅助车道

图 5.4.6 主线出、入口与主线收费站的间距控制示意图

表 5.4.6 主线入口与收费站之间的辅助车道最小长度

主线设计速度（km/h）	120	100	80	60
辅助车道最小长度（m）	500	450	400	350

条文说明

1　收费站与前方主线出口之间的最小净距，根据车辆驶离主线全过程所需要的距

离确定，该过程包括驾驶人认读标志、行动决策、寻找间隙、变换一次车道和出口确认等，同时考虑一次以上的变换车道在收费站渐变段即已完成，故取值未考虑主线车道数的影响。主线入口与前方收费站之间的最小净距，为车辆驶入主线后驾驶人反应、行动决策和调整车速等所需要的最小距离。

2　确定辅助车道最小长度所考虑的主要因素包括确定最小净距所考虑的因素，同时考虑了出、入口变速段的设置要求和可能出现的交织影响等。

3　当按净距或辅助车道长度控制间距时，该路段仅能设置部分指路标志，故本款规定收费站前方出口预告等指路标志应提前于收费站之前开始设置完善。

5.5　主线线形条件

5.5.1　互通式立体交叉范围内，设有变速车道路段的主线圆曲线半径不应小于表5.5.1的规定值。

表5.5.1　变速车道路段的主线圆曲线最小半径

主线设计速度（km/h）		120	100	80	60
圆曲线最小半径（m）	一般值	2 000	1 500	1100	500
	极限值	1 500	1 000	700	350

条文说明

（1）主线圆曲线最小半径的控制，实质为控制弯道外侧变速车道连接部的横坡差，以提高车辆运行的安全性。因此，主线圆曲线最小半径的控制主要针对设有变速车道的路段。

（2）确定主线圆曲线最小半径的主要依据为：当设计速度大于或等于80km/h时，一般值按超高不大于3%取值，极限值按超高不大于4%取值；当设计速度小于80km/h时，一般值按超高不大于4%取值，极限值按超高不大于5%取值。

5.5.2　互通式立体交叉范围内，减速车道下坡路段和加速车道上坡路段的主线纵坡不应大于表5.5.2的规定值。

表5.5.2　减速车道下坡路段和加速车道上坡路段的主线最大纵坡

主线设计速度（km/h）		120	100	80	60
最大纵坡（%）	一般值	2.0	2.0	3.0	4.5（4.0）
	最大值	2.0	3.0	4.0（3.5）	5.0（4.5）

注：当互通式立体交叉位于主线连续长大下坡路段底部时，减速车道下坡路段取表中括号内的值。

条文说明

主线最大纵坡的控制，主要为流出主线的车辆提供平稳减速的运行条件，对于流入主线的车辆则有利于平稳加速和安全合流。因此,主线最大纵坡的控制主要针对没有减速车道的下坡路段和加速车道上坡路段。

5.5.3 互通式立体交叉范围内,主线竖曲线半径不应小于表 5.5.3 的规定值(图 5.5.3)。

表 5.5.3 互通式立体交叉范围内主线竖曲线最小半径

主线设计速度（km/h）			120	100	80	60
竖曲线最小半径（m）	凸形	一般值	45 000	25 000	12 000	6 000
		极限值	23 000（29 000）	15 000（17 000）	6 000（8 000）	3 000（4 000）
	凹形	一般值	16 000	12 000	8 000	4 000
		极限值	12 000	8 000	4 000	2 000

注：在分流鼻端前识别视距控制路段,主线凸形竖曲线最小半径取表中括号内的值。

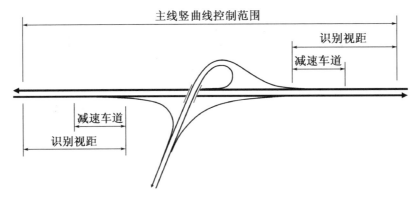

图 5.5.3 主线竖曲线半径控制范围示意图

条文说明

在互通式立体交叉范围内,由于运行条件复杂且变化频繁需有比其他路段更大的视距,主线竖曲线最小半径的控制,即基于保证足够视距的考虑。确定竖曲线最小半径的主要依据如下：

(1) 凸形竖曲线最小半径一般值按 2 倍停车视距计算确定,极限值按 1.5 倍停车视距计算确定,物高取值为 0.1m。

(2) 分流鼻端前识别视距范围内的凸形竖曲线最小半径按识别视距计算确定,识别视距取停车视距的 1.25 倍,物高取值为 0。

(3) 凹形竖曲线最小半径一般值按基本路段凹形竖曲线一般值的 4 倍确定,极限值按基本路段的 2~3 倍确定。

5.5.4 当为枢纽互通式立体交叉或匝道与被交叉公路的交叉采用互通式立体交叉时,互通式立体交叉范围内的被交叉公路线形指标应符合本细则第 5.5.1~5.5.3 条的有关规定。

5.6 出口形式

5.6.1 高速公路宜采用相对一致的出口形式。有条件时，分流端部宜统一设置于交叉点之前，并宜采用单一的出口方式（图5.6.1）。

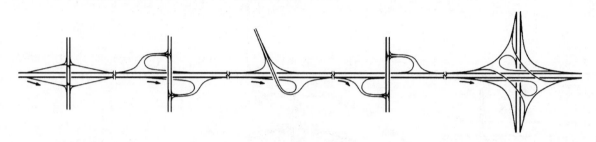

a) 一致的出口形式

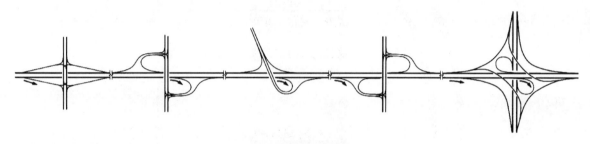

b) 不一致的出口形式

图 5.6.1 出口形式的一致性示意图

5.6.2 当分流交通量主次分明时，次交通流应采用一致的分流方向。次交通流宜统一于主交通流的右侧分流，不应采用左、右侧交替分流的方式（图5.6.2）。

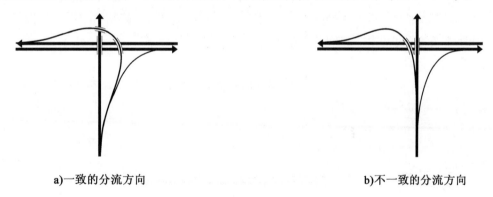

a) 一致的分流方向　　　　　　　　　　b) 不一致的分流方向

图 5.6.2 分流方向的一致性示意图

5.7 车道连续

5.7.1 互通式立体交叉应保证主交通流方向基本车道的连续性。根据主交通流的分布，交叉形态及车道布置应符合下列规定：

1 当直行交通为主交通流时，应保持原有的交叉形态［图5.7.1a)］。

2 当主交通流在交叉象限内转弯，且其交通流线为同一高速公路的延续时，该转弯交通流线宜按主线设计，原直行交通流线宜按匝道设计［图5.7.1b)、图5.7.1c)］。

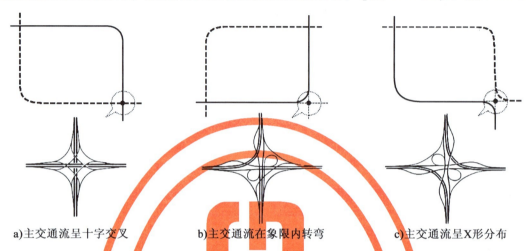

a)主交通流呈十字交叉　　　　b)主交通流在象限内转弯　　　　c)主交通流呈X形分布

图5.7.1　主交通流方向车道的连续性示意图

条文说明

当主交通流在交叉象限内转弯时，主交通流线如果仍按原交叉形态设计为匝道，则与驾驶人期望相悖，容易导致驾驶人判断失误或主交通流线局部路段通行能力不足等，故本条第2款规定此种交通流线宜按主线设计。

5.7.2 当两条高速公路形成错位交叉的互通式立体交叉时，共用路段的车道布置应符合下列规定：

1 当共用路段长度大于3km时，共用路段可按整体式横断面设计（图5.7.2-1），共用路段的基本车道数应根据该路段的设计小时交通量确定，且相对于相邻路段所增加的基本车道数不应超过一条。

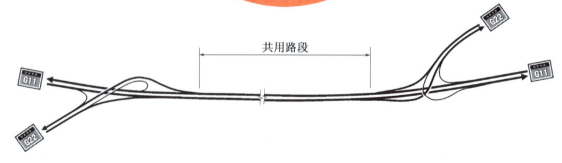

图5.7.2-1　共用路段长度大于3km时的设计示例

2 当共用路段长度小于或等于3km，或共用路段需增加的基本车道数超过一条时，两条高速公路的直行车道应分开设置，并应保持各自直行车道的连续性（图5.7.2-2）。

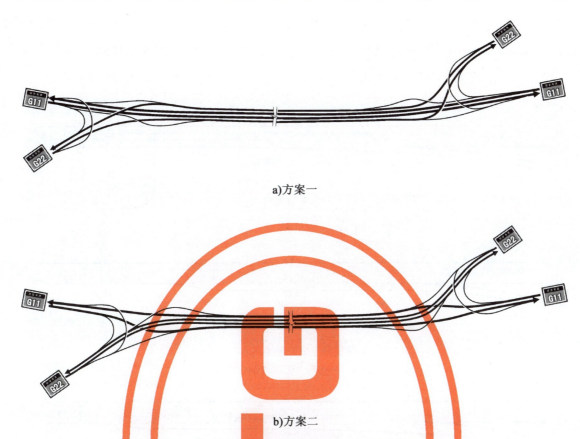

a) 方案一

b) 方案二

图 5.7.2-2　共用路段长度小于或等于 3km 时的设计示例

条文说明

（1）当两条高速公路因错位交叉形成共用路段时，如果共用路段过短，高速公路直行交通流之间将出现交织，并将影响通行能力和运行安全，因此本条对共用路段的最小长度予以规定。

（2）确定共用路段最小长度所考虑的主要因素，包括基本车道连续、能形成独立的分、合流区而不致出现交织现象，以及能满足变速车道的布置和指路标志的设置需要等。

5.8　车道平衡

5.8.1　分、合流连接部应保持车道平衡，分、合流前后的车道数应连续或变化最小，主线每次增减的车道数不应超过一条。

5.8.2　在合流连接部，合流后与合流前车道数之间的关系应符合式（5.8.2-1）或式（5.8.2-2）的规定（图 5.8.2）。

$$N_C = N_F + N_E - 1 \tag{5.8.2-1}$$

$$N_C = N_F + N_E \tag{5.8.2-2}$$

式中：N_C——合流后的主线车道数；
N_F——合流前的主线车道数；
N_E——匝道车道数。

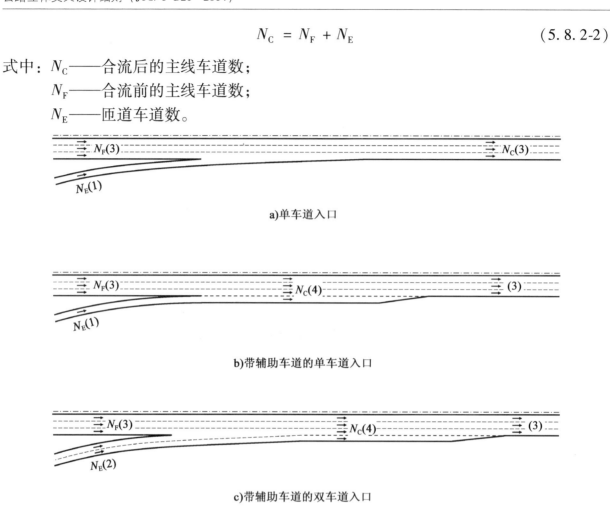

图 5.8.2 合流连接部的车道平衡

5.8.3 在分流连接部，分流前与分流后车道数之间的关系应符合式（5.8.3）的规定（图 5.8.3）。

$$N_C = N_F + N_E - 1 \tag{5.8.3}$$

式中：N_C——分流前的主线车道数；
N_F——分流后的主线车道数；
N_E——匝道车道数。

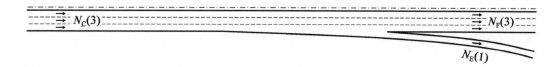

a) 单车道出口

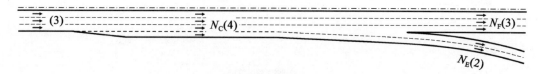

b) 带辅助车道的双车道出口

图 5.8.3 分流连接部的车道平衡

6 互通式立体交叉形式

6.1 一般规定

6.1.1 互通式立体交叉形式应满足功能、安全和环境保护要求，并应与路网结构、交叉类型、现场条件及周边环境相适应。

6.1.2 互通式立体交叉形式的选择应综合考虑通行能力、运行安全、用地、自然环境和社会环境、全寿命周期成本和收费站设置要求等因素，在经多方案比选、论证后提出推荐方案。

6.2 设计要点

6.2.1 互通式立体交叉的形式应符合下列规定：
1 交叉公路、匝道基本路段和各连接部应满足设计通行能力的要求，各路段和各部位的服务水平应与交叉公路的服务水平相协调。
2 匝道形式应与交通量相适应，交通量相对较大的匝道宜选用运行速度相对较高、绕行距离相对较短的形式。
3 出口形式应符合本细则第5.6节有关一致性设计的要求。
4 相邻连接部之间的距离应符合本细则有关间距控制和连续分、合流间距的要求。
5 匝道线形及其连接方式宜使驾驶人通过几何构造即易于感知和识别路线走向等信息。
6 有条件时，被交叉公路宜采用上跨方式。
7 匝道布局宜紧凑，并应与现场地形和地物相适应。
8 匝道布局应与周围环境相协调，有利于对噪声和空气污染的控制。

条文说明

2 匝道通行能力除与车道数有关外，还与运行速度等有直接关系，而运行速度又受匝道形式的制约，故本款规定匝道形式应与交通量相适应。

6 被交叉公路上跨，有利于流出、流入车辆的变速、信息识别和运行安全。

6.2.2 当匝道设置收费站时，互通式立体交叉形式的选择应考虑收费管理等因素，并应符合下列规定：

1 收费站宜集中设置，当为四岔交叉时，可采用连接匝道分别与主线和被交叉公路形成三岔交叉（图6.2.2）。主线侧的交叉应采用互通式立体交叉，被交叉公路侧的交叉类型应根据被交叉公路的功能、等级和交通量分布等确定。

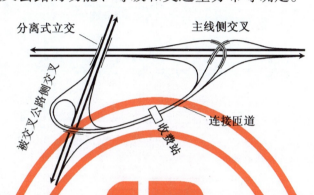

图6.2.2 四岔交叉的收费站集中设置示意图

2 当因交通量集中导致通行能力或收费服务水平不足时，可结合现场条件、管理费用及投资效益等，经综合比较后采用收费站分散设置的互通式立体交叉形式。

6.3 匝道形式

6.3.1 匝道可分为直连式、半直连式和环形等基本形式。根据匝道两端的连接方式，半直连式可分为右出左进、左出右进和右出右进等形式；根据车辆行驶轨迹，半直连式可分为内转弯半直连式、外转弯半直连式和迂回型半直连式等。匝道形式的采用应符合下列规定：

1 右转弯匝道宜采用直连式［图6.3.1a)］。

2 三岔以上的交叉左转弯匝道宜采用右出右进半直连式［图6.3.1b)］，不宜采用右出左进半直连式［图6.3.1c)］、左出右进半直连式［图6.3.1d)］和直连式［图6.3.1e)］。

3 单车道左转弯匝道可采用环形［图6.3.1f)］。

6.3.2 三岔交叉左转弯出口匝道形式的采用应符合下列规定：

1 当交通量大小相当的两条多车道公路呈三岔交叉时，宜采用直连式［图6.3.2a)］。

2 当主次分明的两条多车道公路呈三岔交叉，且左转弯交通量在合流交通量中为主交通流时，宜采用右出左进半直连式［图6.3.2b)］；当左转弯交通量在合流交通量中为次交通流时，宜采用右出右进半直连式［图6.3.2c)］。

3 当被交叉公路为双车道公路，或被交叉公路交通量较小时，可采用右出左进半直连式或环形。

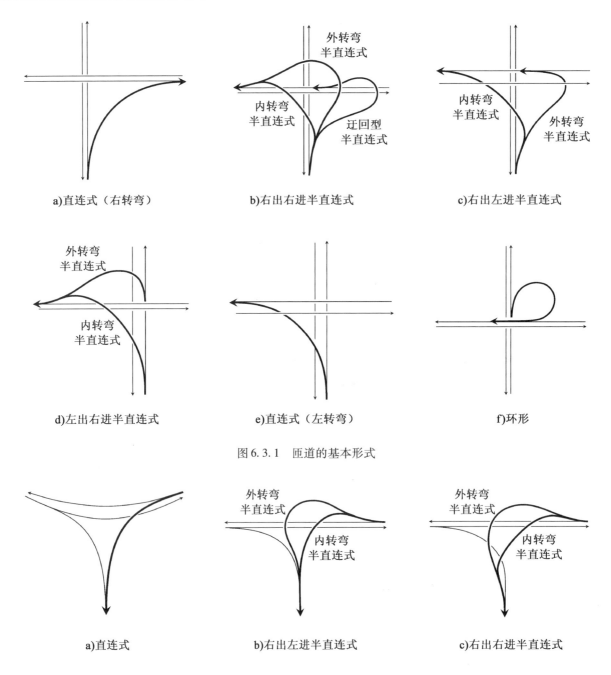

图 6.3.1 匝道的基本形式

图 6.3.2 三岔交叉左转弯出口匝道形式

6.3.3 三岔交叉左转弯入口匝道形式的采用应符合下列规定：

1 当交通量大小相当的两条多车道公路呈三岔交叉时，宜采用直连式 [图 6.3.3a)]。

2 当主次分明的两条多车道公路呈三岔交叉，且左转弯交通量在分流交通量中为主交通流时，宜采用左出右进半直连式 [图 6.3.3b)]；当左转弯交通量在分流交通量中为次交通流时，宜采用右出右进半直连式 [图 6.3.3c)]。

3 当被交叉公路为双车道公路，或被交叉公路交通量较小时，可采用左出右进半直连式或环形。

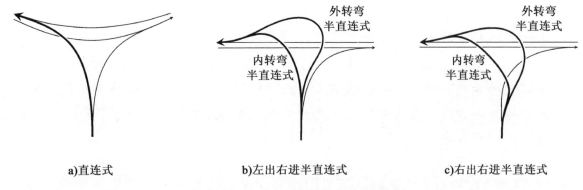

a) 直连式　　　　　b) 左出右进半直连式　　　　c) 右出右进半直连式

图 6.3.3　三岔交叉左转弯入口匝道形式

6.3.4 左转弯匝道形式应根据匝道设计小时交通量 DDHV 确定，并应符合下列规定：

1　当 $DDHV \geqslant 1\,500\,pcu/h$ 时，左转弯匝道宜选用内转弯半直连式。

2　当 $1\,000\,pcu/h \leqslant DDHV < 1\,500\,pcu/h$ 时，左转弯匝道宜选用外转弯半直连式，亦可选用内转弯半直连式。

3　当 $DDHV < 1\,000\,pcu/h$ 时，左转弯匝道可选用环形、外转弯半直连式或迂回型半直连式。

4　当各左转弯匝道 $DDHV < 1\,000\,pcu/h$，且有部分匝道需采用半直连式时，交通量较大者或出口匝道宜选用半直连式。

条文说明

本条中各类匝道的适应交通量按四级服务水平时的通行能力确定。

6.3.5　当连续有两条或两条以上的匝道与主线连接时，连续分、合流连接方式的采用应符合表 6.3.5 的规定。

表 6.3.5　连续分、合流连接方式

连接方式	连续分流	连续合流	合分流	分合流
宜采用的方式				
条件受限时可采用的方式			—	—

条文说明

当连续有两条或两条以上的交通流线与主线连接时，属于多流线的组合。根据几何学原理，多流线的组合共有20种，但基于运行安全原则，仅有其中6种可供实际使用。表中"宜采用的方式"为符合一致性设计原则的4种方式。由于短距离内连续分流和连续合流容易造成驾驶人误判或对主线直行交通流造成影响，故表中"可采用的方式"为条件受限时可采用的方式。

6.3.6 高速公路直行车道之间不得采用相互交织的连接方式，匝道之间的交织区宜与高速公路直行车道相隔离。

6.4 一般互通式立体交叉

6.4.1 当三岔交叉至少有一条左转弯匝道的交通量小于单车道匝道设计通行能力时，可选用三岔喇叭形。交叉类型的选用应符合下列规定：

1 当左转弯出口匝道交通量大于单车道匝道设计通行能力时，应选用A型［图6.4.1a)］。

2 当左转弯入口匝道交通量大于单车道匝道设计通行能力时，宜选用B型［图6.4.1b)］。

3 当左转弯交通量均小于单车道匝道设计通行能力时，宜选用A型。

4 当左转弯交通量均小于单车道匝道设计通行能力，且左转弯入口匝道交通量相对较大或受现场条件的限制时，可选用B型。

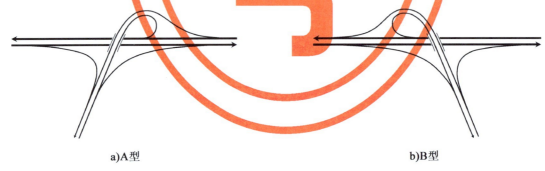

a)A型　　　　　　　　　　　　　　b)B型

图6.4.1 三岔喇叭形互通式立体交叉

6.4.2 当三岔交叉左转弯交通量均小于单车道匝道设计通行能力，或被交叉公路远期将延伸形成四岔交叉且规划为苜蓿叶形时，可采用叶形（图6.4.2）。

6.4.3 当三岔交叉各左转弯交通量大小相当，且主线侧用地受限时，可采用梨形（图6.4.3）。

6.4.4 当四岔交叉集中设置匝道收费站时，可选用四岔喇叭形。交叉形式的选用宜

符合下列规定:
1 当被交叉公路侧采用平面交叉满足设计通行能力要求时,可选用四岔单喇叭形[图6.4.4a)]。
2 当被交叉公路侧采用平面交叉不能满足设计通行能力要求时,可根据现场条件选用双喇叭形[图6.4.4b)]或喇叭+T形[图6.4.4c)]等。

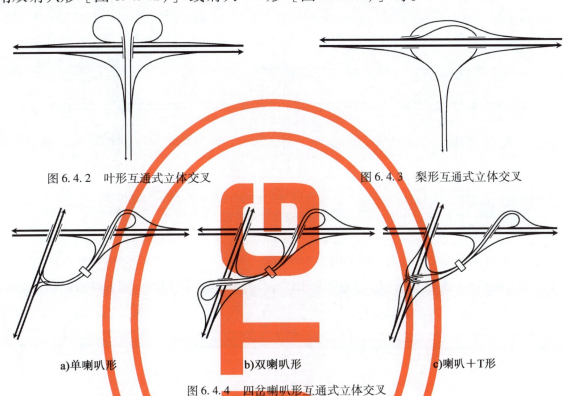

图6.4.2 叶形互通式立体交叉　　　　　图6.4.3 梨形互通式立体交叉

a)单喇叭形　　　　　b)双喇叭形　　　　　c)喇叭+T形

图6.4.4 四岔喇叭形互通式立体交叉

6.4.5 当部分象限用地受限时,四岔交叉可选用部分苜蓿叶形。交叉类型的选用应符合下列规定:
1 当各匝道交通量大小相当或出口匝道交通量相对较大时,宜选用A型[图6.4.5a)]。

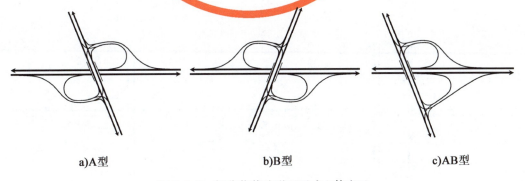

a)A型　　　　　　　b)B型　　　　　　　c)AB型

图6.4.5 部分苜蓿叶形互通式立体交叉

2 当受现场条件限制或入口匝道交通量相对较大时,可选用B型[图6.4.5b)]。
3 当被交叉公路单侧因受现场条件限制设置匝道困难时,可选用AB型

[图 6.4.5c)]。

4 交叉类型的选用应同时考虑平面交叉的交通量分布和设计通行能力要求等因素。

6.4.6 当部分苜蓿叶形的平面交叉不能满足设计通行能力要求，或无设置匝道收费站的要求时，可选用六匝道部分苜蓿叶形。B 型和 AB 型主线侧的连续出口宜予合并（图6.4.6）。

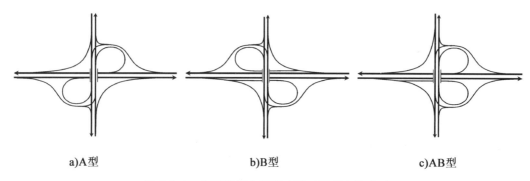

a) A型　　　　　　　b) B型　　　　　　　c) AB型

图 6.4.6　六匝道部分苜蓿叶形互通式立体交叉

6.4.7 当用地受限时，四岔交叉可选用菱形。交叉形式的选用宜符合下列规定：

1 当平面交叉满足设计通行能力要求时，可选用标准菱形 [图 6.4.7a)]。

2 当标准菱形的平面交叉不能满足设计通行能力要求时，可选用单向通行的分裂菱形 [图 6.4.7b)]。

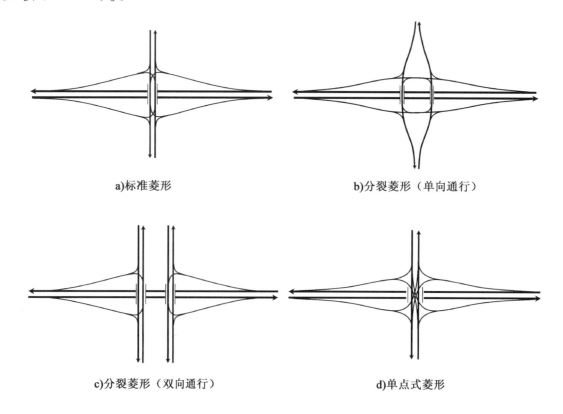

a) 标准菱形　　　　　　　　　　b) 分裂菱形（单向通行）

c) 分裂菱形（双向通行）　　　　　d) 单点式菱形

图 6.4.7　菱形互通式立体交叉

3 当两被交叉公路距离较小且在交叉附近相互连通时,可在两被交叉公路单侧设置半菱形,共同形成双向通行的分裂菱形[图6.4.7c)]。

4 当交叉公路主次明显且设置信号灯时,可采用单点式菱形[图6.4.7d)]。

6.4.8 当匝道之间或匝道与被交叉公路之间采用交织交叉形式满足设计通行能力要求时,四岔或多岔交叉可采用环形(图6.4.8)。

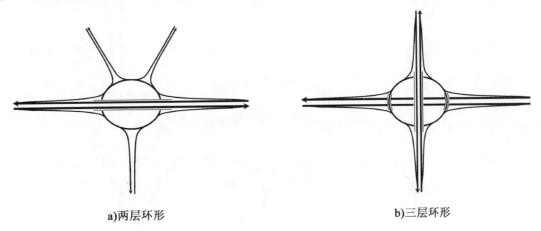

a)两层环形　　　　　　　　　　　　b)三层环形

图6.4.8　环形互通式立体交叉

6.4.9 当匝道布局受到现场条件的限制或因通行能力需要时,可根据交通量分布采用由不同类型匝道构成的组合型(图6.4.9)。

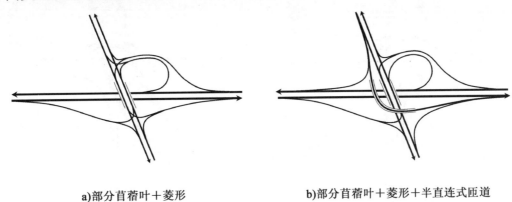

a)部分苜蓿叶＋菱形　　　　　　　　b)部分苜蓿叶＋菱形＋半直连式匝道

图6.4.9　组合型互通式立体交叉示例

6.5　枢纽互通式立体交叉

6.5.1 当三个方向交通量大小相当的两条高速公路呈三岔交叉时,宜采用左转弯匝道均为直连式的三岔Y形(图6.5.1)。各匝道可按高速公路的延续路段设计。

6.5.2 当主次分明的两条高速公路呈三岔交叉时,可根据各转弯交通量大小,按本细则第 6.3 节的有关规定分别选用不同的匝道形式，构成不同形式的三岔 T 形（图 6.5.2）。

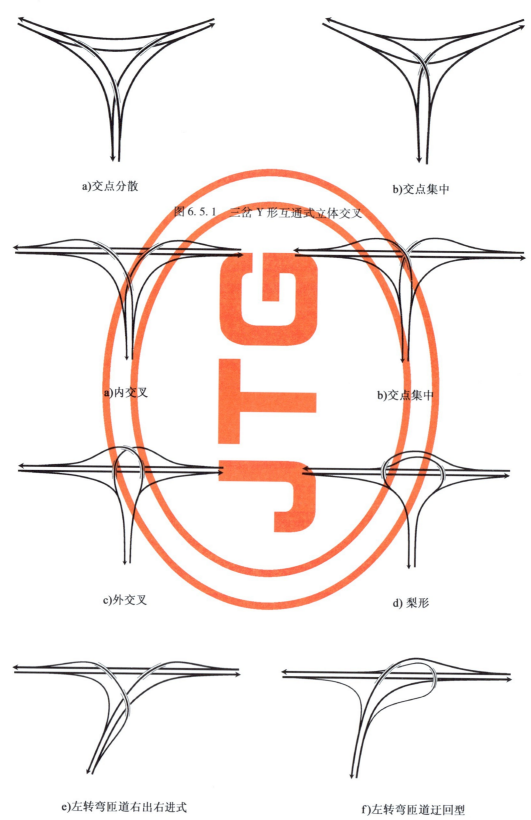

a) 交点分散　　　　　　　　　　　　　b) 交点集中

图 6.5.1　三岔 Y 形互通式立体交叉

a) 内交叉　　　　　　　　　　　　　　b) 交点集中

c) 外交叉　　　　　　　　　　　　　　d) 梨形

e) 左转弯匝道右出右进式　　　　　　　f) 左转弯匝道迂回型

图 6.5.2　三岔 T 形互通式立体交叉

6.5.3 当四岔交叉各转弯交通量均大于或等于1 500pcu/h时，宜采用左转弯匝道均为内转弯半直连式的直连式互通式立体交叉（图6.5.3）。

6.5.4 当四岔交叉各左转弯交通量大小相当，且小于1 500pcu/h时，可采用左转弯匝道均为外转弯半直连式的涡轮形（图6.5.4）。

图6.5.3　直连式互通式立体交叉　　　　　　　图6.5.4　涡轮形互通式立体交叉

6.5.5 当四岔交叉各转弯交通量均小于单车道设计通行能力时，可采用4条左转弯匝道均为环形的完全苜蓿叶形（图6.5.5）。当交叉公路为高速公路或具干线功能的一级公路，或交织交通量大于600pcu/h时，应设置集散道将两环形匝道之间的交织区与交叉公路直行车道相隔离。

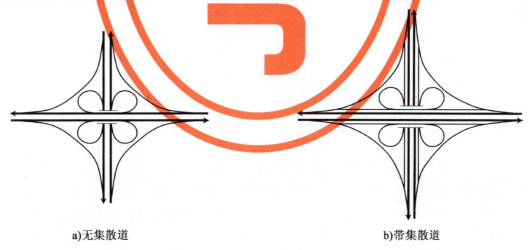

a)无集散道　　　　　　　　　　　　　　b)带集散道

图6.5.5　完全苜蓿叶形互通式立体交叉

6.5.6 当四岔交叉各转弯交通量相差较大时，可根据各转弯交通量大小，按本细则第6.3节的有关规定分别选用不同的匝道形式，构成不同形式的变形苜蓿叶形（图6.5.6）。

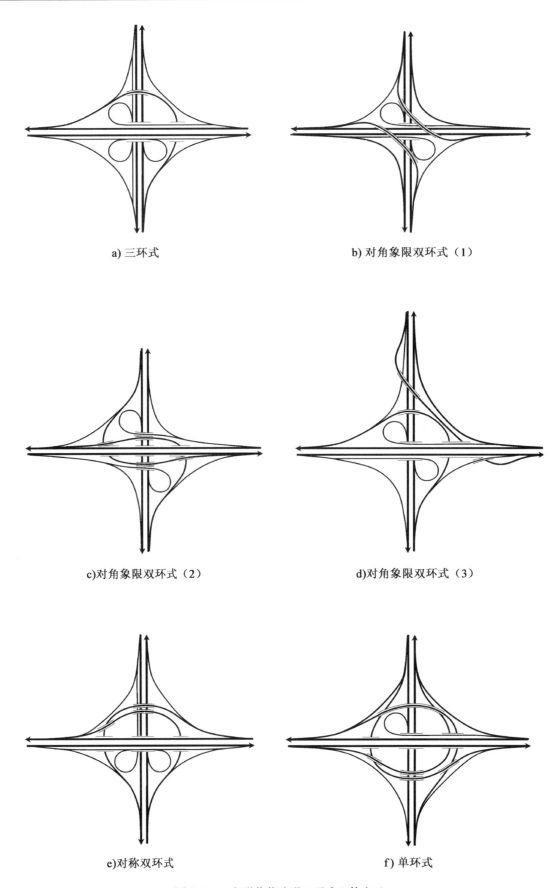

图 6.5.6 变形苜蓿叶形互通式立体交叉

6.6 特殊条件下的互通式立体交叉

6.6.1 当相邻互通式立体交叉的净距小于本细则表5.4.4的规定值时，可采用辅助车道相连的方式构成复合式互通式立体交叉（图6.6.1）。

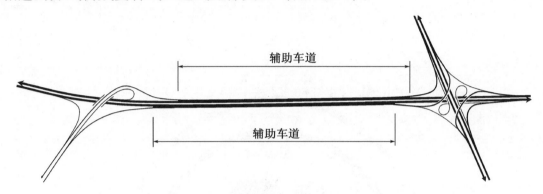

图6.6.1 辅助车道相连的复合式互通式立体交叉示例

6.6.2 当相邻互通式立体交叉的间距不能满足辅助车道的设置要求时，可采用集散道相连的方式构成复合式互通式立体交叉（图6.6.2）。

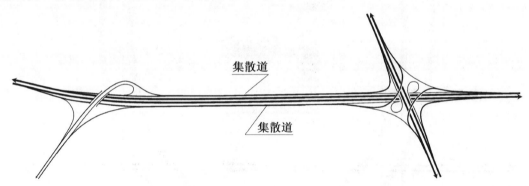

图6.6.2 集散道相连的复合式互通式立体交叉示例

6.6.3 当相邻互通式立体交叉因距离过近设置集散道困难时，可采用匝道相连的方式构成复合式互通式立体交叉。当交织长度不能满足设计通行能力要求时，可采用匝道之间立体交叉等方式减少交织交通量或消除交织区（图6.6.3）。

6.6.4 复合式互通式立体交叉应按同一节点统一进行交通组织、布置交通流线和设置出口预告等指路标志。

6.6.5 当各被交叉公路与主线在一处或接近于同一处交叉时，应按多岔交叉互通式立体交叉设计（图6.6.5）。多岔交叉互通式立体交叉设计应符合本细则第6.2节的有关规定，匝道形式及连接方式的采用应符合本细则第6.3节的有关规定。

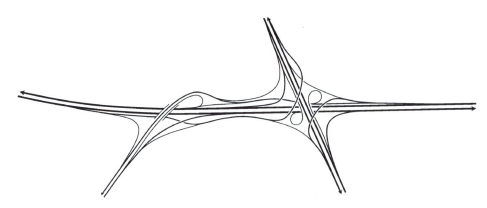

图 6.6.3　匝道相连的复合式互通式立体交叉示例

图 6.6.5　多岔交叉互通式立体交叉示例

6.6.6 当受现场条件限制且交叉冲突交通量小于 500pcu/h 时，可采用匝道带平面交叉的互通式立体交叉形式（图 6.6.6）。

a)三岔菱形　　　　　　　　　　　　　　b)四岔菱形

图 6.6.6　匝道带平面交叉的互通式立体交叉示例

6.6.7　当主线为非全部控制出入的公路，且采用平面交叉不能满足设计通行能力要求时，可根据交通量大小及分布仅设部分立体交叉匝道，形成主线带平面交叉的互通式立体交叉（图 6.6.7）。

6.6.8　当主线为非全部控制出入的公路，因地形限制主线与被交叉公路之间的交叉采用平面交叉困难时，可采用独象限式互通式立体交叉（图6.6.8）。

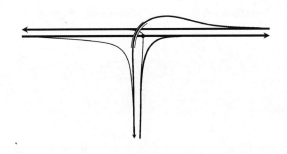

图 6.6.7　主线带平面交叉的互通式立体交叉示例

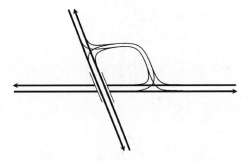

图 6.6.8　独象限式互通式立体交叉

7 匝道横断面

7.1 一般规定

7.1.1 匝道横断面的组成应满足车辆运行、管理、养护及应急救援等需要，并应考虑互通式立体交叉类型及环境影响等因素。

7.1.2 匝道车道数及横断面类型应根据匝道设计小时交通量、交通组成、设计速度、服务水平及超车需要等确定。

7.2 横断面组成与类型

7.2.1 匝道横断面应由车道、路缘带、硬路肩和土路肩等组成，各组成部分的宽度应符合下列规定：

1 当匝道设计速度小于70km/h时，车道宽度应采用3.50m；当匝道设计速度大于或等于70km/h时，应采用3.75m。
2 路缘带宽度应采用0.50m。
3 设紧急停车带的单向双车道匝道，左侧硬路肩宽度宜采用0.75m；其余匝道应采用1.00m。
4 当设紧急停车带时，右侧硬路肩宽度宜采用3.00m，条件受限时可适当减小，但单向单车道和单向双车道匝道不应小于1.50m，对向分隔式双车道匝道不应小于2.00m；当不设紧急停车带时，可采用1.00m。
5 土路肩宽度宜采用0.75m；当条件受限时，可采用0.50m。
6 中央分隔带宽度不应小于1.00m。

条文说明

3 设紧急停车带的单向双车道匝道实际已类似于高速公路和一级公路的分离式断面，参照设计速度小于100km/h的高速公路分离式断面，本细则将设紧急停车带的单向双车道匝道的左侧硬路肩宽度由1.00m调整为0.75m。

4 国内调研和现场测试结果表明，2.50m宽的右侧硬路肩难以满足应急需要，因此，采用双车道断面按单车道划线的情况在国内已不鲜见。综合各相关因素，本细则将供紧急停车用的右侧硬路肩宽度调整为3.00m。

7.2.2 匝道横断面基本类型的划分应符合下列规定：

1 Ⅰ型——单向单车道匝道［图7.2.2a)］。

2 Ⅱ型——无紧急停车带的单向双车道匝道，可用作对向非分隔双车道匝道［图7.2.2b)］。

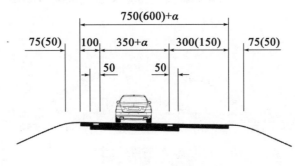

a) Ⅰ型——单向单车道匝道

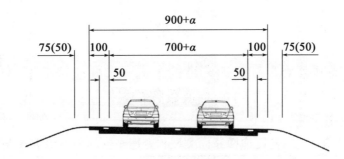

b) Ⅱ型——无紧急停车带的单向双车道匝道

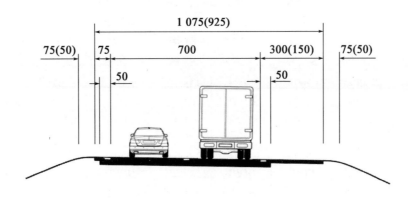

c) Ⅲ型——有紧急停车带的单向双车道匝道

图 7.2.2

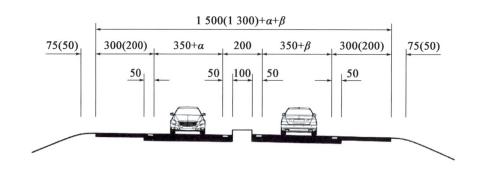

d) Ⅳ型——对向分隔式双车道匝道

图 7.2.2 匝道横断面的基本类型（尺寸单位：cm）

注：α、β 为圆曲线路段加宽值。

3 Ⅲ型——有紧急停车带的单向双车道匝道［图 7.2.2c)］。

4 Ⅳ型——对向分隔式双车道匝道［图 7.2.2d)］。

5 当匝道按高速公路延续路段设计时，应采用高速公路分离式断面。

7.3 横断面类型的选用

7.3.1 单向匝道横断面类型和变速车道的车道数选择应符合下列规定：

1 匝道横断面类型和变速车道的车道数宜根据匝道设计速度、设计小时交通量和匝道长度由表 7.3.1 选取。

表 7.3.1 单向匝道横断面类型和变速车道的车道数选择条件

匝道设计速度（km/h）	80	70	60	50	40	35	30	匝道长度（m）	匝道横断面类型	变速车道的车道数
匝道设计小时交通量 DDHV（pcu/h）	DDHV<400	DDHV<400	DDHV<400	DDHV<400	DDHV<400	DDHV<400	DDHV<400	≤500	Ⅰ	单车道
								>500	Ⅱ	单车道
	400≤DDHV<1 500	400≤DDHV<1 400	400≤DDHV<1 300	400≤DDHV<1 200	400≤DDHV<1 100	400≤DDHV<900	400≤DDHV<800	≤350	Ⅰ	单车道
								>350	Ⅱ	单车道
	1 500≤DDHV<1 800	1 400≤DDHV<1 700	1 300≤DDHV<1 600	1 200≤DDHV<1 500	1 000≤DDHV<1 400	900≤DDHV<1 350	800≤DDHV<1 300	不限	Ⅱ	双车道
	1 800≤DDHV≤2 900	1 700≤DDHV≤2 600	1 600≤DDHV≤2 300	1 500≤DDHV≤2 000	1 400≤DDHV≤1 700	1 350≤DDHV≤1 500	—	不限	Ⅲ	双车道

注：匝道长度指分、合流鼻端之间的长度。

2 当匝道设计小时交通量小于单车道设计通行能力，但匝道采用双车道时，变速车道宜取单车道。

3 当匝道设计小时交通量大于或等于单车道设计通行能力时，变速车道应取双车道。

4 当减速车道上游或加速车道下游的主线设计小时交通量接近主线设计通行能力时，应对分、合流区通行能力进行验算，当不能满足设计通行能力要求时，宜增加变速车道长度或车道数，必要时，可调整匝道横断面类型。

条文说明

（1）在同一服务水平下，不同的运行速度有不同的设计通行能力，故规定匝道车道数根据匝道设计速度和设计小时交通量等选取。

（2）匝道车道数同时根据匝道长度选取，主要基于超车之需和保证通行能力等方面的考虑。在单车道匝道上，大型车的慢速影响将导致全路段运行速度的下降，进而导致通行能力的下降。匝道越长，这种影响越大。因此，即使交通量未超过单车道的设计通行能力，但在匝道达到一定长度时，增加一个车道供超车之用是必要的。

（3）双车道匝道采用Ⅲ型还是Ⅱ型的临界交通量的确定依据为：当有事故车占用一个车道时，如果剩下的一个车道不能达到低一级的设计服务水平，则采用Ⅲ型匝道，反之采用Ⅱ型匝道。

7.3.2 对向匝道横断面类型的选用应符合下列规定：
1 对向匝道各单向车道数及横断面类型宜符合表7.3.1的有关规定。
2 当对向双车道匝道连接多车道公路时，宜采用Ⅳ型。
3 当对向双车道匝道连接双车道公路时，可采用Ⅱ型。

7.3.3 当连接被交叉公路的匝道按连接线设计时，可根据交通量大小及其组成采用相应等级公路的横断面类型。

8 匝道平纵面线形

8.1 一般规定

8.1.1 匝道平纵面线形应视觉连续、走向清晰,平纵面之间应相互协调。

8.1.2 匝道平纵面线形设计应考虑全路段及相邻路段运行速度变化规律,平纵面线形及技术指标应与运行速度及其变化规律相适应。

8.2 匝道平面

8.2.1 匝道圆曲线半径不应小于表 8.2.1 的规定值。在积雪冰冻地区,匝道圆曲线半径不应小于表中一般值。

表 8.2.1 匝道圆曲线最小半径

匝道设计速度(km/h)		80	70	60	50	40	35	30
圆曲线最小半径(m)	一般值	280	210	150	100	60	40	30
	极限值	230	175	120	80	50	35	25

8.2.2 不设超高的匝道圆曲线半径不应小于表 8.2.2 的规定值。当反向横坡超过 2.5% 时,应另行计算确定。

表 8.2.2 不设超高的匝道圆曲线最小半径

匝道设计速度(km/h)		80	70	60	50	40	35	30
不设超高的圆曲线最小半径(m)	反向横坡≤2.0%	2 500	2 000	1 500	1 000	600	500	350
	2.0%<反向横坡≤2.5%	3 350	2 600	1 900	1 300	800	600	450

条文说明

表中两组数值分别为反向横坡为 2% 和 2.5% 时的圆曲线最小半径,故规定当反向横坡超过 2.5% 时应另行计算确定。

8.2.3 匝道回旋线参数及长度不宜小于表 8.2.3 的规定值,回旋线长度同时不宜小于超高过渡所需要的长度。

表 8.2.3 匝道回旋线的最小参数及长度

匝道设计速度（km/h）	80	70	60	50	40	35	30
回旋线最小参数（m）	140	100	70	50	35	30	20
回旋线最小长度（m）	70	60	50	40	35	30	25

8.2.4 匝道平面线形设计应符合下列规定：
1 各曲线元长度不宜小于以设计速度行驶3s的行程。
2 直线与圆曲线、不同半径及不同方向圆曲线之间宜插入回旋线。
3 当匝道为下坡且采用本细则规定的最大纵坡值时，匝道末段圆曲线半径不宜采用表8.2.1规定的极限最小值。
4 凸形竖曲线前后的平面线形宜一致或具备良好的线形诱导条件，小半径凸形竖曲线之后应避免紧接反向平曲线。

8.3 匝道纵断面

8.3.1 匝道纵坡不应大于表8.3.1的规定值。

表 8.3.1 匝道最大纵坡

匝道设计速度（km/h）			80、70	60、50	40、35、30
最大纵坡（%）	出口匝道	上坡	3	4	5
		下坡	3	3	4
	入口匝道	上坡	3	3	4
		下坡	3	4	5

注：1. 当地形困难或用地紧张时，最大纵坡可在表中规定值基础上增加1%。
　　2. 当地形特殊困难时，在非积雪冰冻地区，出口匝道上坡和入口匝道下坡可在表中规定值基础上增加2%。

8.3.2 匝道合成坡度不宜大于9%，积雪冰冻地区不应大于7.5%。

8.3.3 匝道竖曲线半径及长度不应小于表8.3.3的规定值。

表 8.3.3 匝道竖曲线最小半径及长度

匝道设计速度（km/h）			80	70	60	50	40	35	30
竖曲线最小半径（m）	凸形	一般值	4 500	3 500	2 000	1 600	900	700	500
		极限值	3 000	2 000	1 400	800	450	350	250
	凹形	一般值	3 000	2 000	1 500	1400	900	700	400
		极限值	2 000	1 500	1 000	700	450	350	300

表8.3.3（续）

竖曲线最小长度（m）	一般值	100	90	70	60	40	35	30
	极限值	75	60	50	40	35	30	25

8.3.4 匝道纵断面线形设计应符合下列规定：

1 匝道与主线相连接的纵断面线形应连续，并应避免指标的突变。

2 出口匝道宜采用上坡。

3 入口匝道宜采用下坡；当入口匝道为上坡时，在合流鼻端通视三角区范围内，匝道与主线之间的高差不应对相互通视产生影响。

4 反向平曲线拐点附近或匝道相互分、合流鼻端前不宜设置凸形竖曲线顶点。

8.4 出口匝道

8.4.1 在分流鼻端处，出口匝道平曲线的曲率半径不宜小于表8.4.1的规定值。

表8.4.1 分流鼻端处出口匝道平曲线的最小曲率半径

主线设计速度（km/h）		120	100	80	60
匝道最小曲率半径（m）	一般值	350	300	250	200
	极限值	300	250	200	150

条文说明

表中匝道最小曲率半径按本细则表4.3.3规定的鼻端通过速度计算确定，最小曲率半径的一般值和极限值分别对应于鼻端通过速度的一般值和极限值。

8.4.2 从分流鼻端至匝道控制曲线起点路段，出口匝道应按运行速度过渡段设计（图8.4.2-1）。运行速度过渡段上任一点的平曲线曲率半径不宜小于由图8.4.2-2查取的曲率半径值，当线形设置困难时，可按低一级主线设计速度取值。

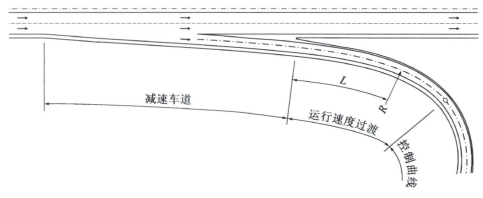

图8.4.2-1 出口匝道运行速度过渡段示意图

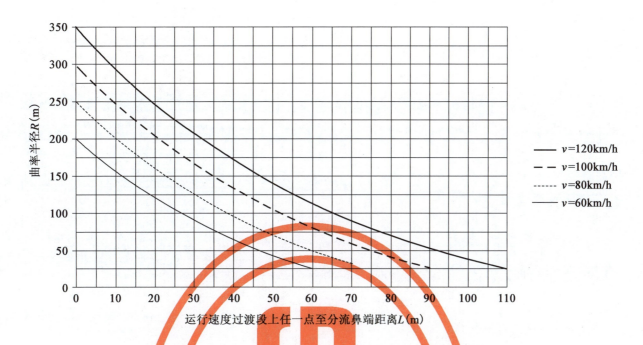

图 8.4.2-2　运行速度过渡段上任一点的平曲线最小曲率半径

注：v 为主线设计速度；L 和 R 符号意义见图 8.4.2-1。

条文说明

（1）控制曲线即线形指标按基本路段设计速度控制的曲线。由于分流鼻端至控制曲线之间尚存在较大的运行速度差，故规定该路段应按运行速度过渡段设计。

（2）运行速度过渡段上任一点最小曲率半径的控制，是为了使过渡段上运行速度的变化控制在一个合理的减速度范围内，使运行速度的过渡连续、平稳。

（3）图8.4.2-2曲线关系式的建立，考虑了运行速度、路面横坡和减速度等由分流鼻端到控制曲线的逐渐变化，其中分流鼻端运行速度由本细则表4.3.3取值。

（4）低一级主线设计速度的鼻端通过速度相当于鼻端通过速度最小值，故本条规定当线形设置困难时可按低一级主线设计速度取值。

8.4.3　在分流鼻端附近，出口匝道回旋线参数不宜小于表8.4.3的规定值，长度不宜小于超高过渡所需要的最小长度。当按匝道基本路段设计速度选取的回旋线最小参数大于表中规定值时，应按匝道设计速度取值。

表 8.4.3　分流鼻端附近出口匝道回旋线最小参数

主线设计速度（km/h）		120	100	80	60
匝道回旋线最小参数（m）	一般值	100	80	70	60
	极限值	80	70	60	40

条文说明

（1）分流鼻端附近出口匝道回旋线最小参数的确定，是为了使车辆能在运行速度过渡段内连续、平稳地完成减速。

（2）回旋线最小参数依据鼻端通过速度确定，鼻端通过速度由本细则表4.3.3取值。最小参数的一般值和极限值分别对应鼻端通过速度的一般值和极限值。

（3）当匝道基本路段设计速度超过鼻端通过速度时，按基本路段设计速度选取的回旋线最小参数会大于表8.4.3的规定值，故规定在此种情况下回旋线最小参数应按匝道设计速度取值。

8.4.4 当出口匝道采用基本型回旋线不能满足运行速度过渡段最小长度的要求，或线形布局困难时，可采用复合型回旋线（图8.4.4）。

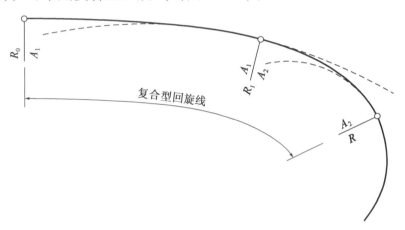

图8.4.4 复合型回旋线示意图

R_0-第一回旋线起点曲率半径；R_1-两回旋线衔接点曲率半径；R-匝道控制曲线曲率半径；A_1-第一回旋线参数；A_2-第二回旋线参数

8.4.5 在分流鼻端附近，出口匝道竖曲线半径不宜小于表8.4.5的规定值。当按匝道基本路段设计速度选取的竖曲线最小半径大于表中值时，应按匝道设计速度取值。

表8.4.5 鼻端附近匝道竖曲线最小半径

主线设计速度（km/h）			120	100	80	60
匝道竖曲线最小半径（m）	凸形	一般值	3 500	2 800	2 000	1 800
		极限值	2 000	1 800	1 400	1 200
	凹形	一般值	2 000	1 800	1 500	1 200
		极限值	1 500	1 200	1 000	850

条文说明

（1）鼻端附近匝道竖曲线最小半径依据鼻端通过速度确定。竖曲线最小半径极限值对应于鼻端通过速度的一般值，竖曲线最小半径一般值约取极限值的1.5倍。

（2）当匝道基本路段设计速度超过鼻端通过速度时，按基本路段设计速度选取的竖曲线最小半径会大于表8.4.5的规定值，故规定在此种情况下竖曲线最小半径应按匝道设计速度取值。

8.4.6　出口匝道应设在主线通视条件良好路段。当被交叉公路上跨时，出口匝道宜设在跨线桥之前。

8.5　入口匝道

8.5.1　在合流鼻端附近，入口匝道竖曲线半径不宜小于表8.4.5的规定值。当按匝道基本路段设计速度选取的竖曲线半径大于表中值时，应按匝道设计速度取值。

8.5.2　在合流鼻端前，主线距合流鼻端100m、匝道距合流鼻端60m形成的通视三角区内，主线与匝道之间应满足车辆相互通视的要求（图8.5.2）。

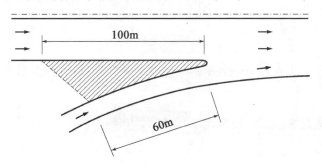

图8.5.2　合流鼻端前通视三角区示意图

8.6　匝道收费广场

8.6.1　匝道收费站应设置在互通式立体交叉出入交通量相对集中且便于管理的匝道或连接线路段，收费站位置的选择应综合考虑路段线形、地形、地质、通视条件和运行速度过渡条件等因素。

8.6.2　匝道收费广场中心至前方分流点的距离不宜小于100m，至被交叉公路中心线的距离不宜小于150m（图8.6.2）。

8.6.3　当匝道收费广场设置在平曲线路段时，圆曲线半径不应小于200m，收费广场应按矩形设计，广场路段设计基线宜采用由收费广场长度确定的弦线（图8.6.3）。

8.6.4　收费广场纵坡不宜大于2%，当受地形或其他特殊条件限制时，不得大于3%。收费岛不应设置在凹形竖曲线底部。当收费广场位于凸形竖曲线上时，竖曲线半径不应小于800m。

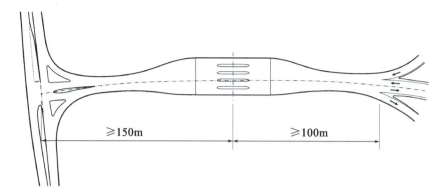

图 8.6.2 匝道收费站位置示意图

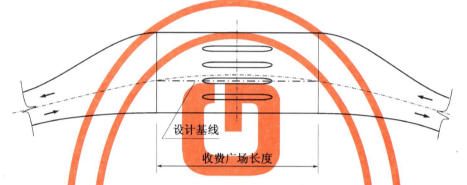

图 8.6.3 位于平曲线上的收费广场平面示意图

8.6.5 收费广场横坡宜采用 1.5%，最大不应超过 2%。

9 匝道超高与加宽

9.1 一般规定

9.1.1 当匝道圆曲线半径小于不设超高的最小半径时，圆曲线路段应设置超高，不同路面横坡度的路段之间应设置超高过渡段。

9.1.2 当匝道圆曲线路段的路面宽度不能满足通行条件的要求时，圆曲线路段的路面应予加宽，不同路面宽度的路段之间应设置加宽过渡段。

9.2 横坡与超高

9.2.1 当匝道为直线路段或圆曲线半径大于或等于本细则表8.2.2的规定值时，该路段可不设超高。在不设超高路段，单向匝道宜采用单向横坡；对向匝道可根据匝道长度、线形条件、路面类型和路面宽度等采用双向路拱或单向横坡。

9.2.2 在不设超高路段，当位于中等强度降雨地区时，匝道路面横坡度宜采用2%；当位于降雨强度较大地区时，匝道路面横坡度可适当增大。

9.2.3 当匝道圆曲线半径小于本细则表8.2.2的规定值时，圆曲线路段应设置超高，并应向曲线内侧倾斜。匝道圆曲线路段的最大超高宜采用6%，在积雪冰冻地区，最大超高不得大于6%。在非积雪冰冻地区，当交通组成以小客车为主时，匝道最大超高可适当增大，但不应大于8%。

9.2.4 匝道两侧土路肩应设置向路基外侧倾斜的横坡。在不设超高路段的两侧和设置超高路段的曲线外侧，土路肩横坡度宜采用3%。在设置超高路段的曲线内侧，当超高值大于或等于3%时，土路肩横坡度宜与超高值相同；当超高值小于3%时，土路肩横坡度宜采用3%。

9.2.5 匝道圆曲线路段的超高值可根据匝道设计速度、最大超高和圆曲线半径由表9.2.5选取。

表 9.2.5 匝道圆曲线路段超高值

匝道设计速度 (km/h)	80		70		60		50		40		35		30		超高 (%)
最大超高 (%)	8	6	8	6	8	6	8	6	8	6	8	6	8	6	
圆曲线半径 R (m)	230≤R<290	—	175≤R<240	—	120≤R<160	—	80≤R<100	—	50≤R<60	—	35≤R<40	—	25≤R<30	—	8
	290≤R<390	—	240≤R<320	—	160≤R<220	—	100≤R<140	—	60≤R<90	—	40≤R<60	—	30≤R<40	—	7
	390≤R<510	230≤R<290	320≤R<420	175≤R<230	220≤R<300	120≤R<160	140≤R<200	80≤R<100	90≤R<130	50≤R<70	60≤R<90	35≤R<50	40≤R<60	25≤R<30	6
	510≤R<660	290≤R<430	420≤R<560	230≤R<360	300≤R<400	160≤R<250	200≤R<270	100≤R<160	130≤R<180	70≤R<100	90≤R<130	50≤R<70	60≤R<90	30≤R<50	5
	660≤R<900	430≤R<660	560≤R<770	360≤R<560	400≤R<560	250≤R<400	270≤R<380	160≤R<260	180≤R<260	100≤R<170	130≤R<190	70≤R<120	90≤R<130	50≤R<80	4
	900≤R<1330	660≤R<1050	770≤R<1130	560≤R<910	560≤R<830	400≤R<670	380≤R<570	260≤R<460	260≤R<400	170≤R<320	190≤R<290	120≤R<230	130≤R<210	80≤R<160	3
	1330≤R<2500	1050≤R<2500	1130≤R<2000	910≤R<2000	830≤R<1500	670≤R<1500	570≤R<1000	460≤R<1000	400≤R<600	320≤R<600	290≤R<500	230≤R<500	210≤R<350	160≤R<350	2

9.3 超高过渡

9.3.1 匝道超高过渡段的超高过渡可采用下列方式：

1 绕车道中心旋转：以车道中心线为旋转轴，路面绕其旋转，直至达到超高横坡值[图9.3.1a)]。当有中央分隔带时，旋转轴为两侧车道中心线，两侧路面分别绕其旋转，使之各自成为独立的单向超高[图9.3.1b)]。

2 绕左侧路缘带外边缘旋转：以左侧路缘带外边缘线为旋转轴，路面绕其旋转，直至达到超高横坡值[图9.3.1c)]。当有中央分隔带时，旋转轴即中央分隔带两外边缘线，两侧路面分别绕其旋转，使之各自成为独立的单向超高，中央分隔带维持原水平状态[图9.3.1d)]。

3 当对向分隔式匝道的中央分隔带铺筑路面时，可将中间带的中心线作为旋转轴，按绕车道中心旋转的方法进行超高过渡。

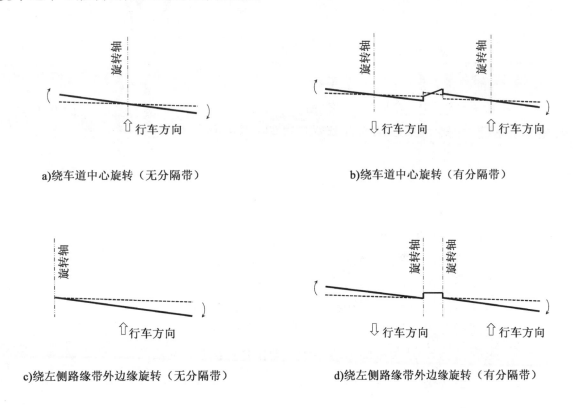

图9.3.1 超高过渡方式示意图

9.3.2 匝道超高渐变率不应大于表9.3.2的规定值。

9.3.3 当匝道超高过渡段位于凹形竖曲线底部或纵坡小于0.5%的路段时，在横坡接近水平状态的排水困难路段，超高渐变率不应小于表9.3.3的规定值。

表 9.3.2 匝道超高最大渐变率

旋转轴位置		车道中心		左侧路缘带外边缘	
匝道横断面类型		单向单车道 对向分隔式双车道	单向双车道 对向非分隔双车道	单向单车道 对向分隔式双车道	单向双车道 对向非分隔双车道
匝道设计速度 （km/h）	80	1/250	1/200	1/200	1/150
	70	1/240	1/190	1/175	1/140
	60	1/225	1/175	1/150	1/125
	50	1/200	1/150	1/125	1/100
	≤40	1/150	1/150	1/100	1/100

表 9.3.3 排水困难路段匝道超高最小渐变率

匝道横断面类型		单向单车道 对向分隔式双车道	单向双车道 对向非分隔双车道
旋转轴位置	车道中心	1/800	1/500
	左侧路缘带外边缘	1/500	1/300

9.3.4 匝道超高过渡宜在回旋线路段进行（图9.3.4），且超高过渡段长度不应小于按式（9.3.4-1）和式（9.3.4-2）计算得出的最小长度。

$$L = H/\rho \tag{9.3.4-1}$$

$$H = B_2 \cdot i_2 - B_1 \cdot i_1 \tag{9.3.4-2}$$

式中：L——超高过渡段最小长度（m）；

H——超高过渡段起终点路面边缘的高差（m）；

ρ——超高最大渐变率，由表 9.3.2 查取；

B_2——超高过渡段终点路面边缘至旋转轴的宽度（m）；

i_2——超高过渡段终点的超高；

B_1——超高过渡段起点路面边缘至旋转轴的宽度（m）；

i_1——超高过渡段起点的超高。

条文说明

（1）匝道超高过渡段最小长度根据超高最大渐变率确定。由于匝道超高渐变率以路面外边缘线为控制对象，故式（9.3.4-2）同时考虑了超高过渡段起终点路面宽度和超高值变化的影响。

（2）当采用式（9.3.4-2）计算时，所得出的高差 H 未计入匝道纵坡的影响。

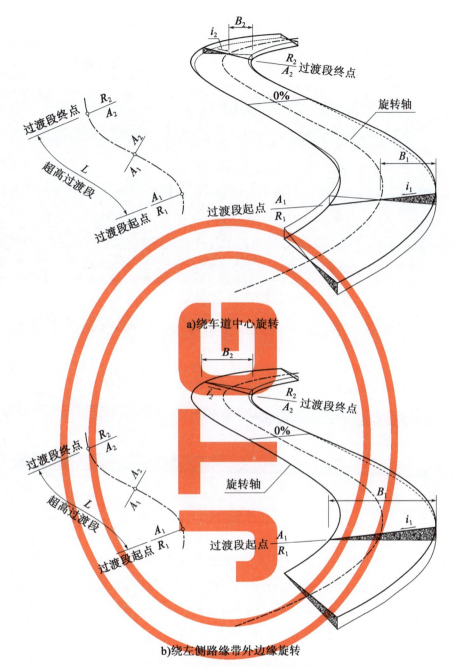

图 9.3.4 匝道超高过渡示意图

9.3.5 当匝道超高渐变率小于表 9.3.5 的规定值时，超高可采用线性过渡（图9.3.5）。超高过渡段上任一点路面边缘与起点路面边缘的高差可按式（9.3.5-1）和式（9.3.5-2）计算。

$$H_c = H \cdot \alpha \quad (9.3.5\text{-}1)$$
$$\alpha = L_c / L \quad (9.3.5\text{-}2)$$

式中：H_c——超高过渡段上任一点路面边缘与起点路面边缘的高差（m）；

H——超高过渡段起终点路面边缘的高差（m），由式（9.3.4-2）计算确定；

α——超高过渡段上任一点至起点距离与超高过渡段全长比；

L_c——超高过渡段上任一点至起点的距离（m）；

L——超高过渡段全长（m）。

表9.3.5 可采用线性过渡的匝道超高最大渐变率

旋转轴位置		车道中心		左侧路缘带外边缘	
匝道横断面类型		单向单车道 对向分隔式双车道	单向双车道 对向非分隔双车道	单向单车道 对向分隔式双车道	单向双车道 对向非分隔双车道
匝道设计速度 （km/h）	80	1/300	1/250	1/250	1/200
	70	1/285	1/235	1/235	1/185
	60	1/275	1/225	1/225	1/175
	50	1/260	1/210	1/210	1/160
	≤40	1/250	1/200	1/200	1/150

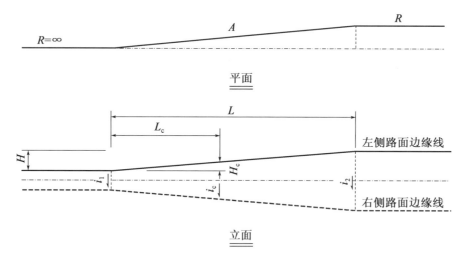

图9.3.5 匝道超高线性过渡示意图

9.3.6 当匝道超高渐变率大于或等于表9.3.5的规定值时，超高宜采用三次抛物线过渡（图9.3.6）。超高过渡段上任一点路面边缘与起点路面边缘的高差可按式（9.3.6-1）和式（9.3.6-2）计算。

$$H_c = H(3\alpha^2 - 2\alpha^3) \quad (9.3.6\text{-}1)$$

$$\alpha = L_c/L \quad (9.3.6\text{-}2)$$

式中：H_c——超高过渡段上任一点路面边缘与起点路面边缘的高差（m）；

H——超高过渡段起终点路面边缘的高差（m），由式（9.3.4-2）计算确定；

α——超高过渡段上任一点至起点距离与超高过渡段全长比；

L_c——超高过渡段上任一点至起点的距离（m）；

L——超高过渡段全长（m）。

条文说明

式（9.3.5-1）和式（9.3.6-1）为超高过渡段路面外边缘线的竖向线形表达式，由该式计算得出的高差H_c未计入匝道纵坡的影响。

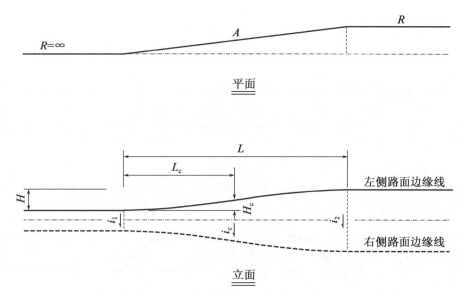

图 9.3.6 匝道超高三次抛物线过渡示意图

9.3.7 超高过渡段上任一点的超高值可按式（9.3.7）计算。

$$i_c = (H_c + B_1 \cdot i_1)/B_c \tag{9.3.7}$$

式中：i_c——超高过渡段上任一点的超高值；

H_c——超高过渡段上任一点路面边缘与起点路面边缘的高差（m），由式（9.3.5-1）或式（9.3.6-1）计算确定；

B_1——超高过渡段起点路面边缘至旋转轴的宽度（m）；

i_1——超高过渡段起点的超高；

B_c——超高过渡段上任一点路面边缘至旋转轴的宽度（m）。

9.3.8 当超高渐变率小于本细则表 9.3.3 规定的最小渐变率，且过渡段位于排水困难路段时，应减短过渡段长度或采用如图 9.3.8 所示的分段过渡方式进行超高过渡。

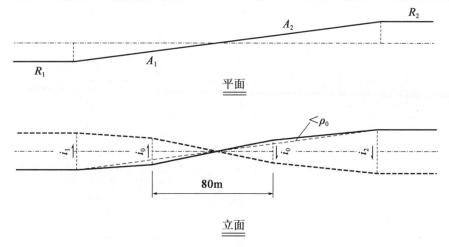

图 9.3.8 匝道超高分段过渡方式示意图

ρ_0-超高最小渐变率；i_0-不设超高路段的路面横坡度

9.4 加宽

9.4.1 匝道圆曲线路段路面加宽的通行条件应符合表 9.4.1 的规定。

表 9.4.1 匝道路面通行条件

匝道横断面类型	通 行 条 件	
	一般通行条件	特殊通行条件
单向单车道（Ⅰ型） 对向分隔式双车道（Ⅳ型）	当路肩停有载重汽车时，铰接列车能慢速通过	当路肩停有小客车时，铰接列车能慢速通过
无紧急停车带的单向双车道（Ⅱ型） 有紧急停车带的单向双车道（Ⅲ型）	两辆铰接列车能慢速并行或错车通过	铰接列车与载重汽车能慢速并行或错车通过

9.4.2 匝道圆曲线路段路面加宽值应根据匝道类型、路面标准宽度、通行条件所需宽度和圆曲线半径等确定。当采用表 9.4.1 中一般通行条件时，匝道圆曲线路段的路面加宽值可由表 9.4.2 查取。加宽值的采用应符合下列规定：

表 9.4.2 匝道圆曲线路段路面加宽值

匝道圆曲线半径 R（m）				路面加宽值（m）
单向单车道（Ⅰ型）	无紧急停车带的单向双车道（Ⅱ型）	对向分隔式双车道（Ⅳ型）		
		曲线内侧车道	曲线外侧车道	
—	—	$25 \leq R < 26$	—	3.50
—	$25 \leq R < 26$	$26 \leq R < 27$	—	3.25
—	$26 \leq R < 27$	$27 \leq R < 28$	—	3.00
—	$27 \leq R < 28$	$28 \leq R < 30$	—	2.75
—	$28 \leq R < 30$	$30 \leq R < 32$	$25 \leq R < 26$	2.50
$25 \leq R < 27$	$30 \leq R < 31$	$32 \leq R < 35$	$26 \leq R < 29$	2.25
$27 \leq R < 29$	$31 \leq R < 33$	$35 \leq R < 38$	$29 \leq R < 32$	2.00
$29 \leq R < 32$	$33 \leq R < 35$	$38 \leq R < 42$	$32 \leq R < 36$	1.75
$32 \leq R < 35$	$35 \leq R < 37$	$42 \leq R < 46$	$36 \leq R < 40$	1.50
$35 \leq R < 38$	$37 \leq R < 39$	$46 \leq R < 53$	$40 \leq R < 46$	1.25
$38 \leq R < 43$	$39 \leq R < 42$	$53 \leq R < 60$	$46 \leq R < 55$	1.00
$43 \leq R < 50$	$42 \leq R < 46$	$60 \leq R < 73$	$55 \leq R < 67$	0.75
$50 \leq R < 58$	$46 \leq R < 50$	$73 \leq R < 92$	$67 \leq R < 85$	0.50
$58 \leq R < 70$	$50 \leq R < 55$	$92 \leq R < 123$	$85 \leq R < 117$	0.25
$R \geq 70$	$R \geq 55$	$R \geq 123$	$R \geq 117$	0

注：Ⅳ型匝道的圆曲线半径为中央分隔带中心线半径，其余为车道中心线半径。

1 当Ⅰ型匝道与Ⅳ型匝道在相同半径圆曲线路段衔接时，应采用Ⅳ型匝道的单侧加宽值。

2 当通行条件或匝道路面标准宽度有变化时，加宽值应重新计算确定。

3 当Ⅲ型匝道硬路肩宽度为3.00m且圆曲线半径大于32m时，可不加宽。

条文说明

表中路面加宽值按表9.4.1中"一般通行条件"和匝道路面标准宽度计算确定，其中Ⅰ型和Ⅳ型为硬路肩为3.00m时的路面标准宽度，Ⅱ型为标准横断面时的路面宽度，故本条第2款规定当通行条件或路面标准宽度有变化时应重新计算确定。

9.4.3 匝道圆曲线路段的路面加宽宜在曲线内侧进行，对向分隔式匝道宜在内、外侧分别进行加宽。

9.4.4 匝道路面加宽过渡宜在回旋线路段或超高过渡段进行，且加宽过渡段长度不应小于10m。

9.4.5 当匝道路面加宽渐变率小于1/25时，加宽可采用线性过渡（图9.4.5），加宽过渡段上任一点的路面加宽值可按式（9.4.5-1）、式（9.4.5-2）计算。

$$B_x = B \cdot \beta \quad (9.4.5\text{-}1)$$
$$\beta = L_x / L \quad (9.4.5\text{-}2)$$

式中：B_x——加宽过渡段上任一点的路面加宽值（m）；

B——圆曲线路段路面加宽值（m）；

β——加宽过渡段上任一点至起点距离与加宽过渡段全长比；

L_x——加宽过渡段上任一点至起点的距离（m）；

L——加宽过渡段全长（m）。

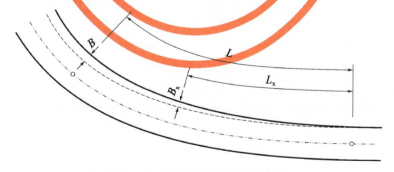

图9.4.5 匝道路面加宽过渡示意图

9.4.6 当匝道路面加宽渐变率大于或等于1/25时，加宽可采用三次抛物线或四次抛物线过渡，加宽过渡段上任一点的路面加宽值可按式（9.4.6-1）或式（9.4.6-2）计算。

1 当采用三次抛物线过渡时：

$$B_x = B(3\beta^2 - 2\beta^3) \tag{9.4.6-1}$$

2 当采用四次抛物线过渡时:

$$B_x = B(4\beta^3 - 3\beta^4) \tag{9.4.6-2}$$

式中:B_x——加宽过渡段上任一点的路面加宽值(m);

B——圆曲线路段路面加宽值(m);

β——加宽过渡段上任一点至起点距离与加宽过渡段全长比,由式(9.4.5-2)计算确定。

9.4.7 匝道收费广场两端与相邻路段间的路面加宽渐变率不宜大于1/5,当条件受限时,不应大于1/3。当路面加宽采用线性过渡时,两端应插入曲线,且其切线长不应小于10m(图9.4.7);当采用抛物线过渡时,加宽过渡段上任一点的路面加宽值可按式(9.4.6-1)或式(9.4.6-2)计算。

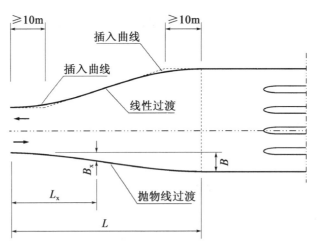

图9.4.7 匝道收费广场两端路面加宽过渡示意图

10 连接部

10.1 一般规定

10.1.1 互通式立体交叉的连接部应满足交通分、合流和交织运行的需要，并应满足设计的一致性、车道连续和车道平衡等要求。

10.1.2 互通式立体交叉连接部设计应综合考虑连接道路性质、交通流线连接方式、车道分布及分、合流交通量等。

10.2 变速车道

10.2.1 匝道与主线之间的连接部应设置变速车道。变速车道的组成应包括渐变段、变速段和鼻端等，当车道不平衡时，应设置辅助车道（图10.2.1）。

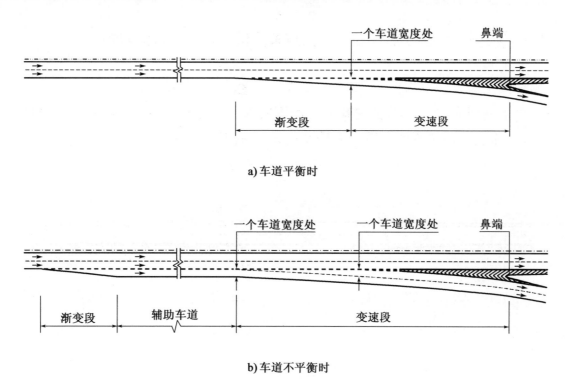

图 10.2.1 变速车道的组成示意图

条文说明

图 10.2.1 所示一个车道宽度处为变速车道在渐变过程中达到一个车道宽度的位置，也是分流点或合流点的几何特征点。根据国际通行方法，该点为控制变速车道几何设计的控制点之一。

10.2.2 变速车道横断面各组成部分的宽度应符合下列规定（图 10.2.2）：

1 变速车道的车道宽度宜采用匝道车道宽度。

2 变速车道与主线直行车道之间宜设置路缘带，宽度可采用 0.50m。

3 右侧硬路肩宽度宜采用主线与匝道硬路肩中较宽者的宽度。当条件受限时，右侧硬路肩宽度可适当减窄，但不应小于 1.50m。

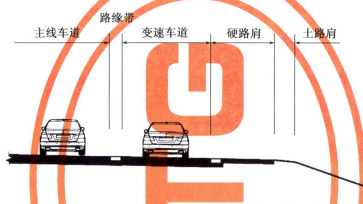

图 10.2.2 变速车道一个车道宽度处的横断面示意图

10.2.3 减速车道的形式应根据主线几何条件和车道平衡要求等确定，并应符合下列规定：

1 减速车道宜采用直接式 [图 10.2.3 a)、图 10.2.3 b)]。

2 当主线圆曲线半径小于或等于本细则表 5.5.1 规定的一般最小值，且设置直接式困难时，曲线外侧的减速车道可采用平行式 [图 10.2.3 c)、图 10.2.3 d)]。

3 当出口匝道为环形时，减速车道宜采用平行式。

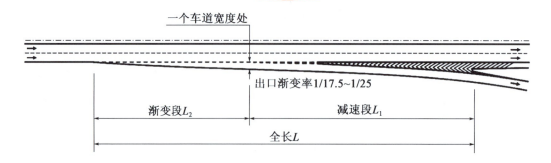

a) 单车道直接式

图 10.2.3

连 接 部

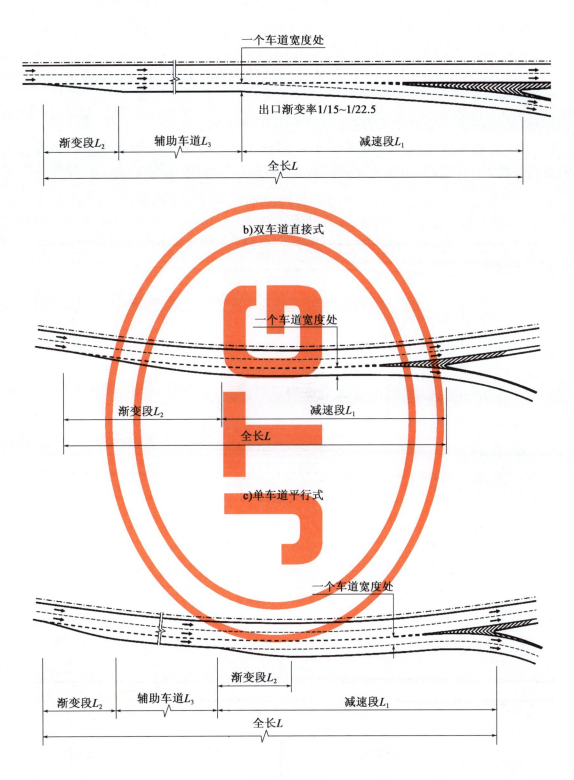

b) 双车道直接式

c) 单车道平行式

d) 双车道平行式

图 10.2.3 减速车道的形式

10.2.4 加速车道的形式应根据几何条件、交通量大小和车道平衡要求等确定,并应符合下列规定:

1 单车道加速车道宜采用平行式[图10.2.4a)]。

2 当流入和直行交通量小,且加速车道全长利用率较小时,单车道加速车道可采用直接式[图10.2.4b)]。

3 双车道加速车道宜采用直接式[图10.2.4c)]。

4 当主线圆曲线半径小于或等于本细则表5.5.1规定的一般最小值,且设置直接式困难时,曲线外侧双车道加速车道可采用平行式[图10.2.4d)]。

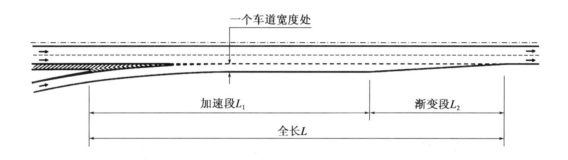

a)单车道平行式

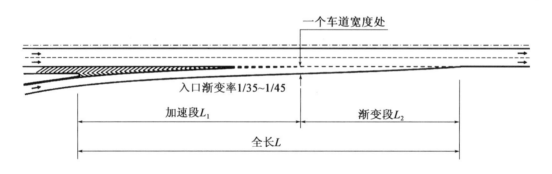

b)单车道直接式

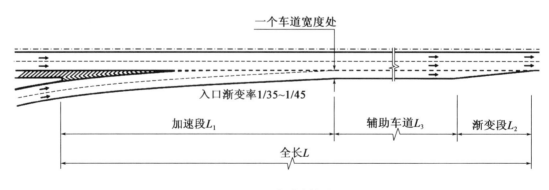

c)双车道直接式

图 10.2.4

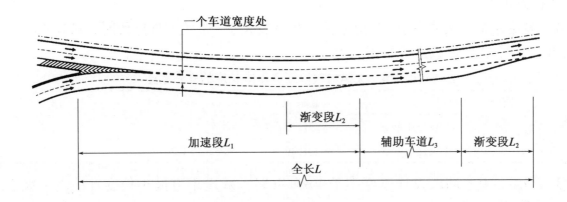

d)双车道平行式

图 10.2.4 加速车道的形式

10.2.5 变速车道各路段最小长度及出、入口最大渐变率应符合表 10.2.5 的规定。

表 10.2.5 变速车道各路段最小长度及出、入口最大渐变率

变速车道类型		主线设计速度（km/h）	变速段长度 L_1（m）	渐变段长度 L_2（m）	出、入口渐变率	辅助车道长度 L_3（m）	全长 L（m）
减速车道	单车道	120	145	100	1/25	—	245
		100	125	90	1/22.5	—	215
		80	110	80	1/20	—	190
		60	95	70	1/17.5	—	165
	双车道	120	225	90	1/22.5	300	615
		100	190	80	1/20	250	520
		80	170	70	1/17.5	200	440
		60	140	60	1/15	180	380
加速车道	单车道	120	230	90（180）	1/45	—	320（410）
		100	200	80（160）	1/40	—	280（360）
		80	180	70（160）	1/40	—	250（340）
		60	155	60（140）	1/35	—	215（295）
	双车道	120	400	180	1/45	400	980
		100	350	160	1/40	350	860
		80	310	150	1/37.5	300	760
		60	270	140	1/35	250	660

注：1. 括号内数值为直接式单车道加速车道的渐变段长度或全长，平行式采用括号外的值。
    2. 表中符号意义见图 10.2.3 和图 10.2.4。

10.2.6 在下列情况下应对变速车道长度进行调整：

    1 当变速车道位于纵坡大于 2% 的路段时，应按表 10.2.6 规定的系数对变速车道

长度进行修正。

2 当减速车道纵坡小于2%但紧接主线纵坡大于4%的下坡路段时，减速车道长度宜采用1.1～1.2的系数进行修正。

表10.2.6 大纵坡路段变速车道长度的修正系数

主线纵坡 i（%）		$2 < i \leq 3$	$3 < i \leq 4$	$i > 4$
修正系数	下坡减速车道	1.10	1.20	1.30
	上坡加速车道	1.20	1.30	1.40

3 当匝道基本路段设计速度小于40km/h时，减速车道最小长度宜按高一级主线设计速度取值。

4 当双车道匝道采用单车道加速车道时，加速车道的长度应增加10～20m。

10.2.7 当双车道匝道采用单车道变速车道时，双车道与单车道之间的过渡应在匝道范围内完成。当由单车道减速车道过渡为双车道匝道时，过渡段长度不宜小于70m，且过渡段起点距鼻端的距离不宜小于40m［图10.2.7a）］；当由双车道匝道过渡为单车道加速车道时，过渡段长度不宜小于60m［图10.2.7b）］。

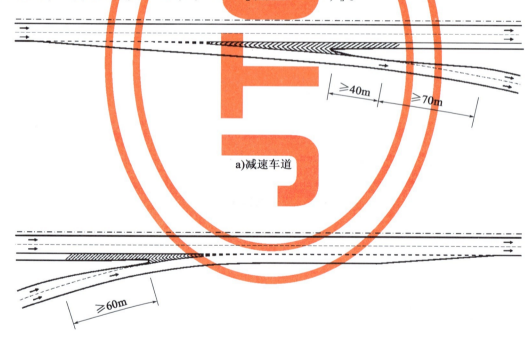

a) 减速车道

b) 加速车道

图10.2.7 双车道匝道与单车道变速车道之间的过渡示意图

10.2.8 位于主线曲线路段的变速车道的设置应符合下列规定：

1 当在曲线内侧设置平行式变速车道时，平行部分应在主线基础上平行加宽，其与匝道圆曲线之间可采用卵形或复合型回旋线相连［图10.2.8a）］。

2 当在曲线外侧设置平行式变速车道时,平行部分应在主线基础上平行加宽,其与匝道圆曲线之间宜采用S形回旋线相连[图10.2.8b)]。当主线圆曲线半径大于2 000m,且设置S形回旋线困难时,可采用基本型回旋线。

3 当在曲线内侧设置直接式变速车道时,变速车道宜采用与主线相同或曲率相近的曲线,然后采用卵形或复合型回旋线与匝道圆曲线相连[图10.2.8c)]。

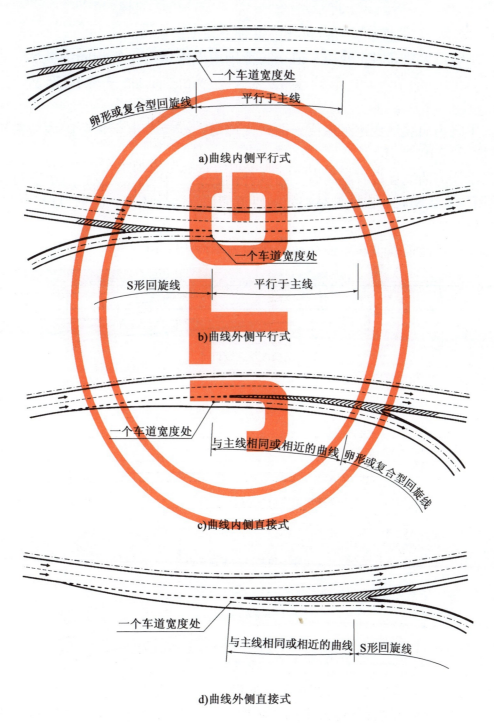

图10.2.8 主线曲线路段变速车道的设置示意图

4　当在曲线外侧设置直接式变速车道时，变速车道宜采用与主线相同或曲率相近的曲线，然后采用S形回旋线与匝道圆曲线相连［图10.2.8d)］。当主线圆曲线半径大于2 000m，且设置S形回旋线困难时，可采用基本型回旋线。

5　当主线圆曲线半径大于2 000m时，直接式变速车道可采用在主线基础上渐变加宽的设置方式。

10.2.9　变速车道的横坡设置及过渡应符合下列规定：

1　当主线不设超高时，变速车道全长范围内应采用与主线相同的横坡。当变速车道为平行式时，应在一个车道宽度处至鼻端之间的三角区设置附加路拱［图10.2.9a)］。

2　当主线为曲线且变速车道位于曲线内侧时，变速车道全长范围内应采用与主线相同的横坡［图10.2.9b)］。

3　当主线为曲线且设有超高时，曲线外侧的变速车道渐变段到一个车道宽度处的路段应采用与主线相同的横坡。鼻端处的匝道横坡宜向外倾斜，并通过设于三角区的附加路拱完成反向过渡［图10.2.9c)］。

4　鼻端处的匝道横坡与主线横坡的代数差不应大于6%。

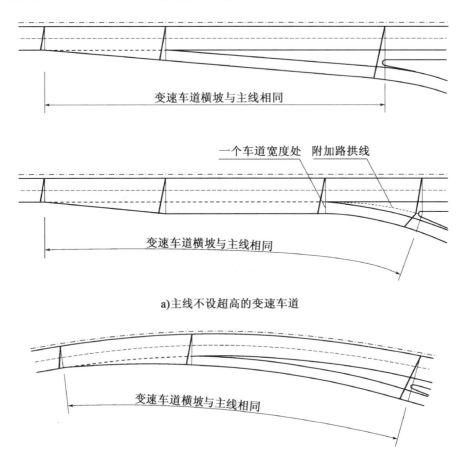

图　10.2.9

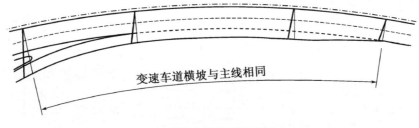

b)曲线内侧的变速车道

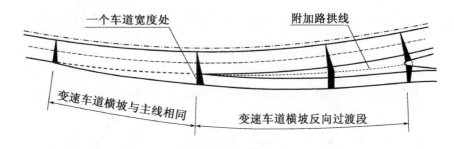

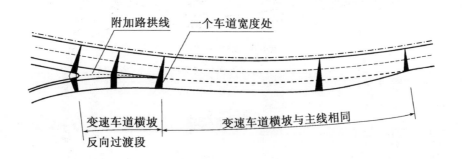

c)曲线外侧且设有超高的变速车道

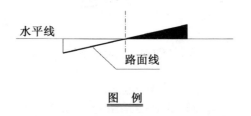

图　例

图 10.2.9　变速车道的横坡及其过渡示意图

10.3　主线相互分、合流

10.3.1　主线相互分流的方式应符合下列规定：

1　在分流交通量中，当左行交通量为主交通流时，宜从左侧直接分流［图 10.3.1a)］。

2　在分流交通量中，当左行交通量为次交通流时，宜从右侧分流［图 10.3.1b)］。

3　当左行交通量从左侧直接分流且以大型车为主时，可在主线分流前设置半直连式左转弯大型车专用匝道［图10.3.1c)］。

图10.3.1 主线相互分流方式

10.3.2 主线相互分流连接部的线形设计应符合下列规定：

1 自分流起点开始，两主线宜分别进行平面线形设计，两设计线起点应位于同一断面，且起点方位角宜保持一致，起点至一个车道宽度处的距离不应小于150m［图10.3.2a)］。

2 当两条主线主次分明时，从分流起点至一个车道宽度处路段，次路侧可采用渐变加宽方式设计，渐变段长度不应小于150m，且渐变率不应大于1/40［图10.3.2b)］。

3 连接部纵断面线形和路面横坡宜由左侧主线的设计基线控制设计，横坡过渡可采用变速车道横坡过渡方法。

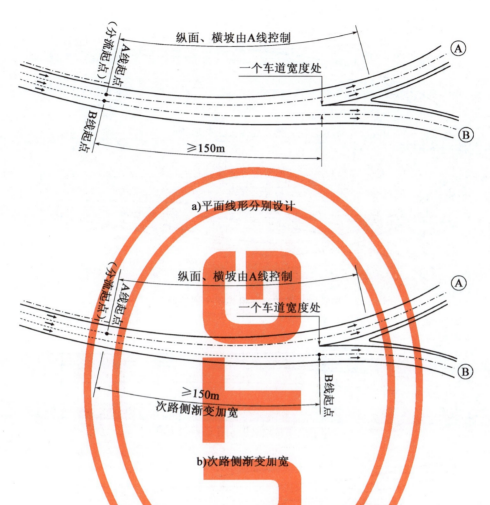

图 10.3.2 主线相互分流连接部线形设计示意图

10.3.3 主线相互合流的方式应符合下列规定：

1 在合流交通量中，当来自左方的交通量为主交通流时，宜从左侧直接合流 [图 10.3.3a)]。

2 在合流交通量中，当来自左方的交通量为次交通流时，宜从右侧合流 [图 10.3.3b)]。

3 当合流前的交通量均接近设计通行能力时，可按原有车道数直接合流 [图 10.3.3c)]。

4 当合流前其中一方的交通量接近设计通行能力、另一方交通量较小时，交通量较小一方应从右侧合流，且合流后可减少一个车道，但应有辅助车道过渡，辅助车道长度不应小于400m [图 10.3.3d)]。

5 当合流前的交通量均较小时，合流后可减少一个车道，并可采用直接合流的方式 [图 10.3.3e)]。

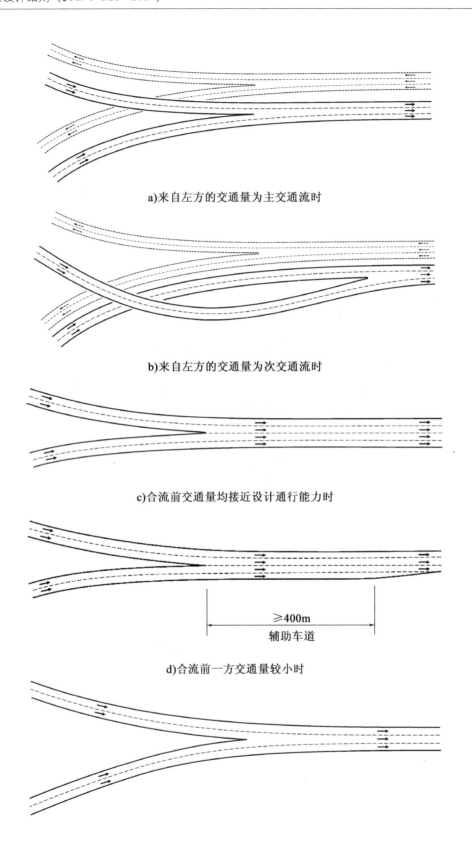

a) 来自左方的交通量为主交通流时

b) 来自左方的交通量为次交通流时

c) 合流前交通量均接近设计通行能力时

d) 合流前一方交通量较小时

e) 合流前交通量均较小时

图 10.3.3 主线相互合流方式

10.3.4 主线相互合流连接部的线形设计应符合下列规定：

1 至合流终点，两条主线宜分别进行平面线形设计，两设计线终点应位于同一断面，且终点方位角宜保持一致，一个车道宽度处至合流终点的距离不应小于300m[图10.3.4a)]。

2 当两条主线主次分明时，从一个车道宽度处至合流终点路段，次路侧可采用宽度渐变方式设计，渐变段长度不应小于300m，且渐变率不应大于1/80[图10.3.4b)]。

3 连接部纵断面线形和路面横坡宜由左侧主线的设计基线控制设计，横坡过渡可采用变速车道的横坡过渡方法。

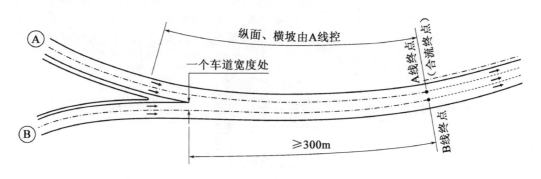

a) 平面线形分别设计

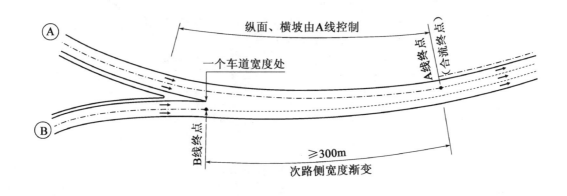

b) 次路侧宽度渐变

图10.3.4 主线相互合流连接部线形设计示意图

10.4 匝道相互分、合流

10.4.1 匝道相互分流的方式应符合下列规定：

1 当车道平衡时，可采用直接分流的方式[图10.4.1a)]。

2 当车道不平衡时,可增设一条辅助车道,辅助车道长度不应小于150m[图10.4.1b)]。

3 当非因通行能力需要而采用双车道匝道并导致车道不平衡时,该匝道可先按单车道分流再渐变为双车道,渐变段长度不应小于50m[图10.4.1c)]。

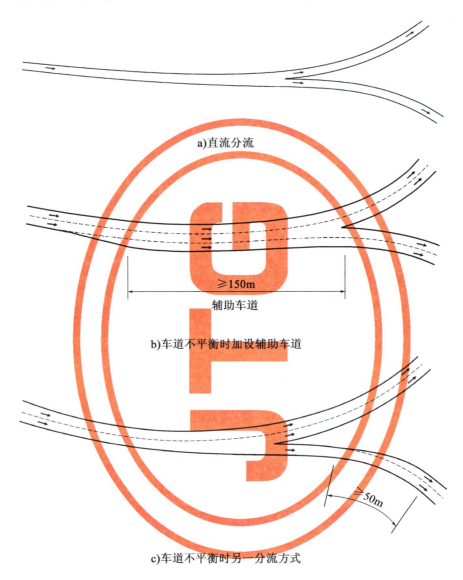

图10.4.1 匝道相互分流方式

10.4.2 匝道相互合流的方式应符合下列规定:

1 当车道平衡且合流前的交通量均较小时,可采用直接合流的方式[图10.4.2a)]。

2 当车道平衡但合流后的交通量接近设计通行能力,或单车道匝道流入速度相对较高的双车道匝道时,应增加渐变段长度或增设一条辅助车道,辅助车道长度不应小于100m[图10.4.2b)]。

3 当车道不平衡时,应增设一条辅助车道,辅助车道长度不应小于150m

[图10.4.2c)]。

4 当非因通行能力需要而采用双车道匝道并导致车道不平衡时,该匝道可先渐变为单车道再合流,渐变段长度不应小于50m [图10.4.2d)]。

图10.4.2 匝道相互合流方式

10.4.3 匝道相互分、合流连接部的设计应符合下列规定：

1 在分、合流路段，两条匝道宜分别进行平面线形设计，分流起点和合流终点处各设计基线的方位角宜保持一致［图 10.4.3a)、图 10.4.3b)］。

2 当分、合流路段按宽度渐变设计时［图 10.4.3c)］，渐变段长度不应小于表 10.4.3 的规定值。

3 连接部纵断面线形和路面横坡应由交通量较大或在几何设计中居主导地位的匝道设计基线进行控制，横坡过渡可采用变速车道的横坡过渡方法。

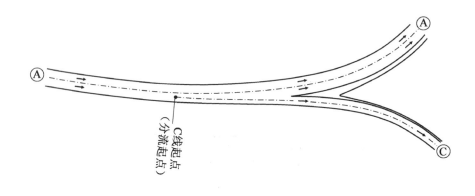

a) 分流连接部线形设计

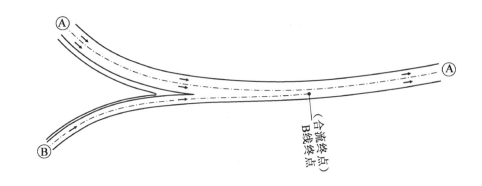

b) 合流连接部线形设计

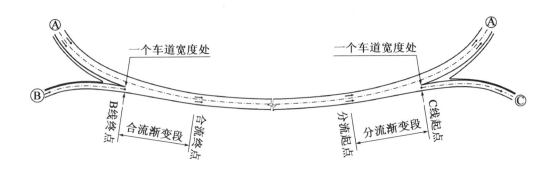

c) 按宽度渐变设计

图 10.4.3 匝道相互分、合流连接部设计示意图

表 10.4.3　匝道相互分、合流连接部渐变段最小长度

分、合流速度（km/h）		80	70	60	50	40	35	30
渐变段最小长度（m）	分流	80	70	60	55	50	50	50
	合流	120	100	90	80	70	60	50

10.5　连续分、合流

10.5.1　匝道上相邻分流鼻端之间的距离（图 10.5.1）不应小于表 10.5.1 的规定值。

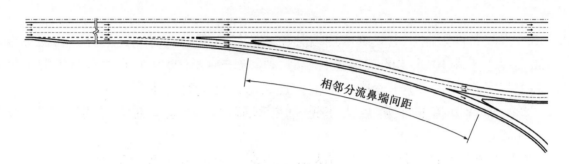

图 10.5.1　匝道上相邻分流鼻端间距示意图

表 10.5.1　匝道上相邻分流鼻端最小间距

主线设计速度（km/h）	120	100	80	60
相邻分流鼻端最小间距（m）	240	210	190	170

条文说明

匝道上相邻分流鼻端的最小间距为驾驶人认读标志、反应决策和车辆侧移等过程所需要的最小距离，再加上第二个分流端部斑马线三角区的长度。车辆运行过程所需要的距离与分流鼻端的通过速度有关，而通过速度又与主线设计速度有关，故相邻分流鼻端的最小间距按主线设计速度控制。

10.5.2　匝道上相邻合流鼻端之间的距离（图 10.5.2）不应小于表 10.5.2 的规定值。

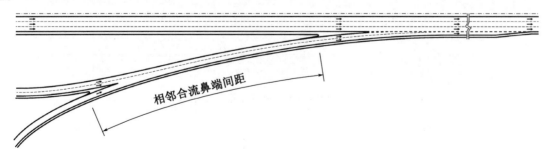

图 10.5.2　匝道上相邻合流鼻端间距示意图

表10.5.2 匝道上相邻合流鼻端最小间距

匝道设计速度（km/h）	80	70	60	50	40	35	30
相邻合流鼻端最小间距（m）	210	180	160	140	120	110	100

条文说明

匝道上相邻合流鼻端的最小间距，包括连接部渐变段最小长度和第一个合流端部斑马线三角区的最小长度等。该距离与匝道设计速度有关，故相邻合流鼻端的最小间距按匝道设计速度控制。

10.5.3 当因条件限制、主线侧按连续分流或连续合流设置时，连续分、合流鼻端之间的距离不应小于表10.5.3的规定值，当连续合流的上游加速车道为双车道时，连续合流鼻端之间的距离不应小于表中一般值。连接部设计应符合下列规定：

1 当为连续分流且下游减速车道为单车道时，减速车道可直接设于主线侧[图10.5.3a)]。

2 当为连续分流且下游减速车道为双车道时，上游减速车道应设于辅助车道上，且辅助车道自减速车道起点向上游延伸长度不应小于150m[图10.5.3b)]。

3 当为连续合流且上游加速车道为单车道时，加速车道可直接设于主线侧[图10.5.3c)]。

4 当为连续合流且上游加速车道为双车道时，下游加速车道应设于辅助车道上，且辅助车道自加速车道终点向下游延伸长度不应小于本细则表10.2.5中辅助车道长度的规定值[图10.5.3d)]。

表10.5.3 主线侧连续分、合流鼻端最小间距

主线设计速度（km/h）		120	100	80	60
连续分、合流鼻端最小间距（m）	一般值	400	350	310	270
	极限值	350	300	260	220

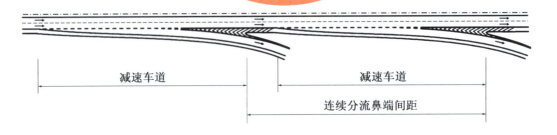

a)连续分流且下游减速车道为单车道

图 10.5.3

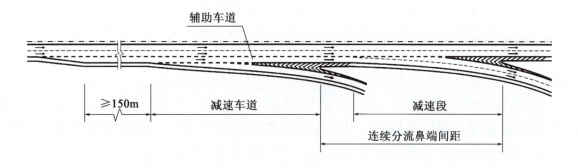

b) 连续分流且下游减速车道为双车道

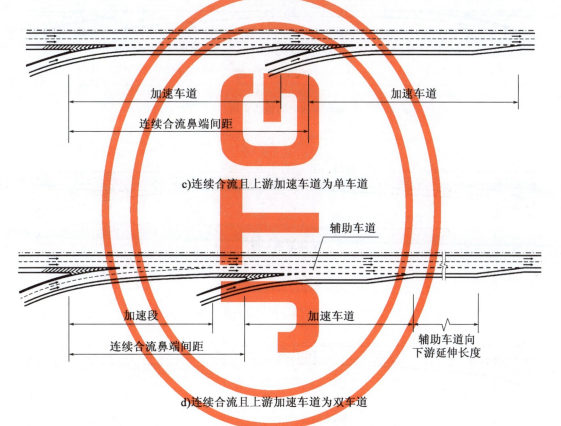

c) 连续合流且上游加速车道为单车道

d) 连续合流且上游加速车道为双车道

图10.5.3 主线侧连续分、合流连接部设计示意图

条文说明

表中最小间距极限值小于上游双车道加速车道的加速段长度，故本条规定当连续合流的上游加速车道为双车道时，连续合流鼻端之间的距离不应小于表中一般值。

10.6 辅助车道

10.6.1 主线侧合分流连接部的辅助车道宽度宜采用与主线直行车道相同的宽度，与主线直行车道间可不设路缘带。辅助车道右侧硬路肩宽度宜与主线基本路段的右侧硬路肩相同,当条件受限时,可适当减窄,但宽度不应小于1.5m。

10.6.2 主线侧合分流连接部的辅助车道设计应符合下列规定:

1 当入口匝道为单车道、出口匝道为双车道时,入口匝道应以平行式与主线相接;出口匝道宜以直接式与主线相接,其渐变率应符合双车道减速车道的有关规定。辅助车道宜由分流点开始渐变结束,渐变率不应大于1/40 [图10.6.2a)]。

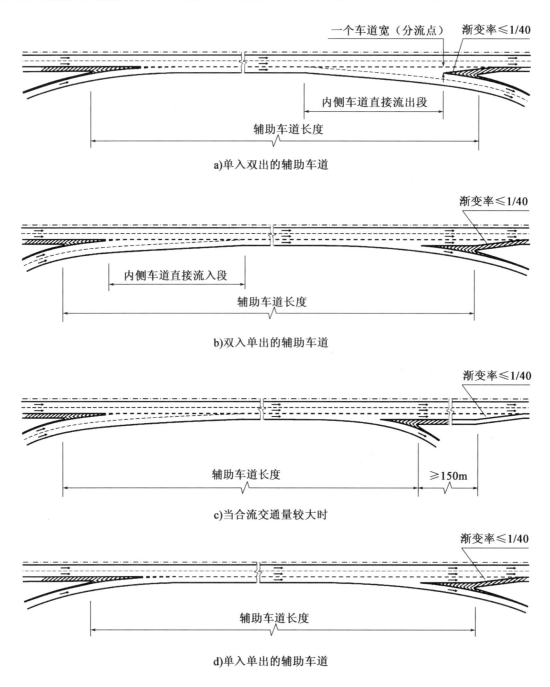

图10.6.2 主线侧合分流连接部辅助车道的设置示意图

2 当入口匝道为双车道、出口匝道为单车道时，入口匝道宜以直接式与主线相接，其渐变率应符合本细则第10.2.5条的有关规定；出口匝道应以平行式与主线相接。辅助车道宜由分流鼻端开始渐变结束，渐变率不应大于1/40［图10.6.2b)］。

3 当入口匝道为双车道，且合流前匝道交通量接近设计通行能力时，辅助车道应由分流鼻端向下游延伸一段距离后再渐变结束，延伸长度不应小于150m，渐变率不应大于1/40［图10.6.2c)］。

4 当入口和出口匝道均为单车道时，入口和出口匝道均应以平行式与主线相接。辅助车道宜由分流鼻端开始渐变结束，渐变率不应大于1/40［图10.6.2d)］。

10.6.3 主线侧合分流连接部的辅助车道长度不应小于表10.6.3的规定值，当主线单向基本车道数大于3车道或匝道中有双车道时，不应小于一般值。

表10.6.3 主线侧合分流连接部的辅助车道最小长度

主线设计速度（km/h）		120	100	80	60
辅助车道最小长度（m）	一般值	1 200	1 100	1 000	800
	极限值	1 000	900	800	700

注：辅助车道长度的定义见图10.6.2。

条文说明

（1）主线侧合分流连接部辅助车道最小长度的确定，同时考虑了合、分流交通运行、变速段的设置和部分出口预告标志的设置等所需要的距离，表中最小长度包含了两端部斑马线三角区的长度。

（2）辅助车道最小长度与车辆变道运行和连接部的几何构造有关，故规定最小长度应结合主线和匝道的车道数选用。

10.6.4 主线基本车道数的增减方式应根据互通式立体交叉的形式、匝道车道数及交通量的分布等确定，并应符合下列规定：

1 基本车道数的增加宜由双车道入口的辅助车道延伸而成［图10.6.4a)］。

2 当入口匝道为单车道时，基本车道数可在互通式立体交叉内减少。被减去的车道宜由分流鼻端下游不小于150m处开始渐变结束，渐变率不应大于1/50［图10.6.4b)］。

3 当入口匝道为单车道但在互通式立体交叉内减少车道存在困难，或入口匝道为双车道时，基本车道数宜在互通式立体交叉外减少。被减去的车道应自加速车道终点向下游延伸一段距离后再渐变结束，延伸长度不应小于500m，渐变率不应大于1/50［图10.6.4c)］。

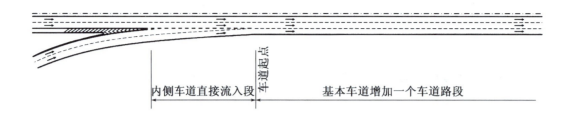

a) 基本车道数的增加

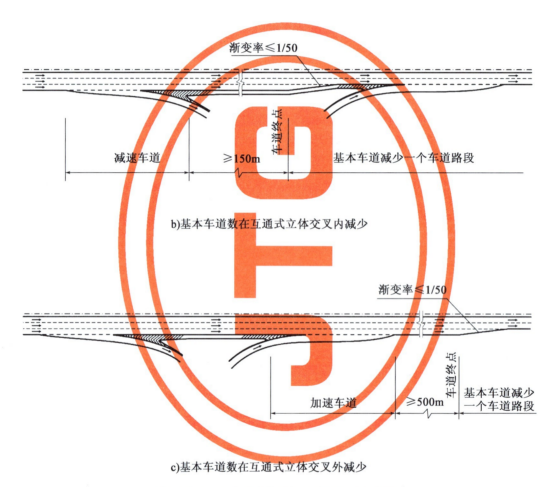

b) 基本车道数在互通式立体交叉内减少

c) 基本车道数在互通式立体交叉外减少

图 10.6.4 主线基本车道数的增减方式示意图

10.7 集散道

10.7.1 互通式立体交叉集散道线形设计可采用匝道设计速度及相关技术指标。

10.7.2 互通式立体交叉集散道连接部（图 10.7.2）设计应符合下列规定：
1 集散道与主线的连接部应按变速车道设计，匝道与集散道连接部宜按匝道相互分、合流设计。

2 当集散道上有连续分、合流端部时,相邻鼻端之间的距离应符合本细则第10.5.1和10.5.2条的有关规定。

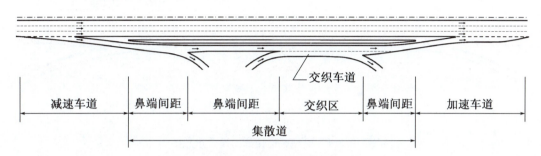

图 10.7.2 集散道及连接部示意图

10.7.3 集散道横断面(图 10.7.3)设计应符合下列规定:

1 互通式立体交叉集散道车道数及横断面类型的选择宜按本细则第 7 章的有关规定执行。

2 集散道与主线之间应设置分隔带,分隔带宽度不宜小于 2.0m。

3 主线在设有集散道路段应维持原有硬路肩的宽度。

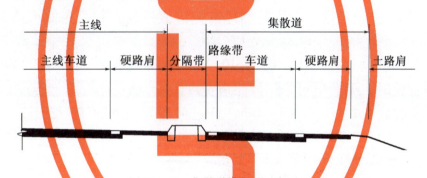

图 10.7.3 集散道横断面示意图

条文说明

集散道分隔带在分流鼻端的圆弧直径按 1.2m、集散道侧的偏置加宽值按 0.6m 计,则分隔带最小宽度为 1.8m,故本条第 2 款规定集散道分隔带宽度不宜小于 2.0m。

10.8 交织区

10.8.1 集散道或匝道上的交织车道宜由分流点开始渐变结束,渐变率不应大于 1/30(图 10.8.1)。当入口匝道或出口匝道为双车道时,车道布置及连接部的设置可采用相同情况下辅助车道的设计方法。

10.8.2 集散道或匝道上交织区的最小长度应根据交通量及其分布和交织区的构造形式等,经通行能力验算后确定。

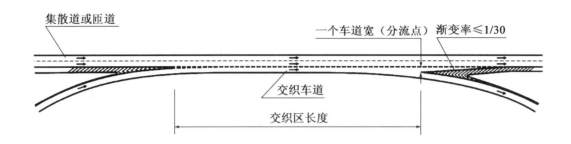

图 10.8.1 交织区连接部的设置示意图

10.9 鼻端构造

10.9.1 分流鼻端应设偏置,鼻端的设置应符合下列规定:

1 在减速车道分流鼻端,主线侧可按偏置值控制,匝道侧可按偏置加宽值控制[图10.9.1a)]。

2 在主线相互分流鼻端,鼻端两侧均可按偏置值控制[图10.9.1b)]。

3 在匝道相互分流鼻端,左匝道侧可按偏置值控制,右匝道侧可按偏置加宽值控制[图10.9.1c)]。

4 偏置值及偏置加宽值不应小于表10.9.1-1的规定值。当硬路肩宽度大于或等于表中规定的偏置值时,偏置值可采用硬路肩宽度。

5 偏置过渡段长度不宜小于10m,且过渡段渐变率不应大于表10.9.1-2的规定值。

6 分流鼻端圆弧半径宜采用0.6~1.0m。

表10.9.1-1 分流鼻端最小偏置值及偏置加宽值

分 流 类 型	最小偏置值 C_1 (m)	最小偏置加宽值 C_2 (m)
减速车道分流	3.0	0.6
主线相互分流	1.8	—
匝道相互分流	2.5	0.6

表10.9.1-2 分流鼻端偏置过渡段最大渐变率

设计速度(km/h)	120	100	80	60	≤40
最大渐变率	1/12	1/11	1/10	1/8	1/7

10.9.2 当分流鼻端位于路基段,且土路肩上设置防撞护栏时,护栏端部距分流鼻端之间的距离应大于6m,在分流鼻端与护栏端部之间应安装防撞垫等缓冲设施(图10.9.2)。

10.9.3 当分流鼻端位于构造物路段,或路面外缘设置刚性护栏时,护栏端部应从常规分流鼻端位置后移 6~10m，并应在分流鼻端与护栏端部之间安装防撞垫等缓冲设施（图 10.9.3）。

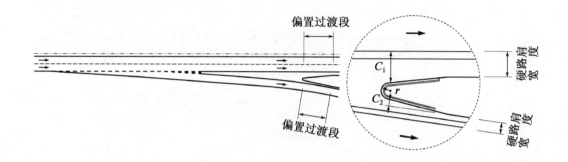

a) 减速车道分流鼻端

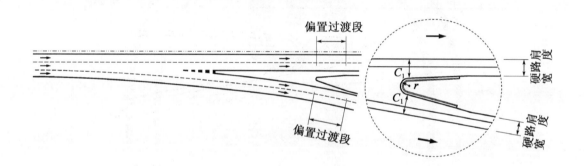

b) 主线相互分流鼻端

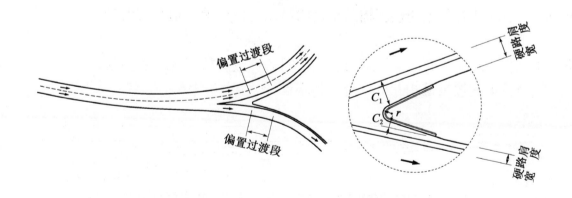

c) 匝道相互分流鼻端

图 10.9.1 分流鼻端构造示意图
C_1-偏置值；C_2-偏置加宽值；r-鼻端圆弧半径

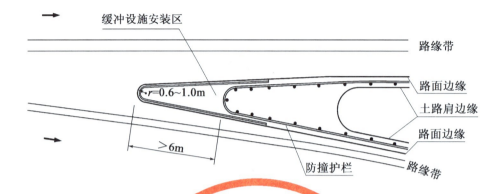

图 10.9.2 路基上的分流鼻端构造示意图

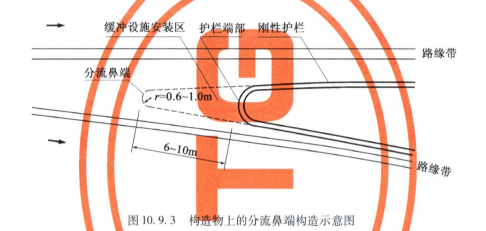

图 10.9.3 构造物上的分流鼻端构造示意图

10.9.4 合流鼻端不应设偏置，鼻端圆弧半径宜采用 0.6m。

10.9.5 主线侧合分流连接部辅助车道的鼻端应按变速车道鼻端设计。

10.9.6 互通式立体交叉集散道与主线之间的鼻端应按变速车道鼻端设计，匝道与集散道之间的鼻端宜按匝道相互分、合流鼻端设计（图10.9.6）。

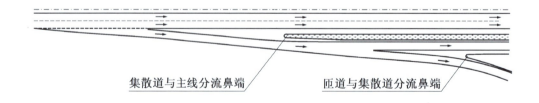

a) 集散道鼻端的分布

图 10.9.6

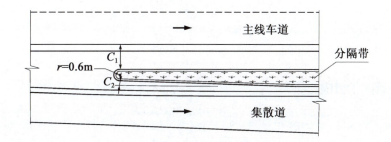

b) 集散道与主线分流鼻端

c) 匝道与集散道分流鼻端

图 10.9.6　集散道分流鼻端构造示意图

C_1-偏置值；C_2-偏置加宽值

11 匝道端部平面交叉

11.1 一般规定

11.1.1 匝道端部平面交叉设计宜采用互通式立体交叉交通量预测年限的预测交通量。当匝道端部交叉分期修建时，可采用立体交叉建成通车后第10年的预测交通量，并应按远期规划方案预留建设条件。

11.1.2 当被交叉公路为二级及二级以上公路时，平面交叉应采用被交叉公路直行车辆优先通行的交通管理方式。当被交叉公路为二级以下公路时，可采用无优先交叉。当平面交叉位于城镇及其附近，或出入平面交叉的交通量接近设计通行能力时，可采用信号控制的交通管理方式。

11.1.3 当平面交叉不能满足设计通行能力要求时，应通过调整互通式立体交叉形式或增设部分立体交叉匝道减少交叉冲突交通量。

条文说明

通过调整互通式立体交叉的形式，可改变平面交叉的形式、布局和交通量分布等，从而达到减少冲突交通量的目的。

11.2 视距

11.2.1 平面交叉范围内，由各引道视距形成的通视三角区内（图11.2.1）不得存在任何有碍通视的固定物体，引道视距不应小于表11.2.1的规定值。

表11.2.1 引道视距

设计速度（km/h）		100	80	60	40	30
引道视距（m）	一般地区	160	110	75	40	30
	积雪冰冻地区	175	135	100	45	30

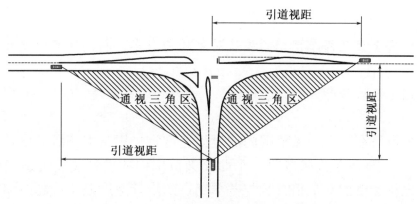

图 11.2.1　引道视距通视三角区示意图

条文说明

引道视距是驾驶人发现另一交叉道路车辆驶近路口时做出反应并制动所需要的最小距离，其长度等于停车视距。

11.2.2　当引道视距通视三角区的通视条件难以保证，且采用主路优先的交通管理方式时，主路至次路左转弯停车线之间的视距应采用安全交叉停车视距（图 11.2.2），安全交叉停车视距不应小于表 11.2.2 的规定值。

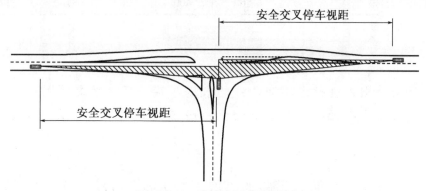

图 11.2.2　安全交叉停车视距

表 11.2.2　安全交叉停车视距

主路设计速度（km/h）		100	80	60	40	30
安全交叉停车视距（m）	一般地区	250	175	115	70	55
	积雪冰冻地区	265	200	140	75	55

条文说明

安全交叉停车视距是保证主路驾驶人发现支路车辆抵达路口时做出反应并制动所需要的最小距离，由主路停车视距加驾驶人反应和制动所需要的距离组成。

11.2.3　引道视距和安全交叉停车视距检验所采用的相关参数应为：视高 1.2m，物高 0.7m。

条文说明

引道视距和安全交叉停车视距的视认对象均为汽车，物高按车灯高度取值为0.7m。

11.3 直行道路

11.3.1 直行道路在平面交叉范围内的设计速度宜采用基本路段的设计速度，且不宜超过80km/h。当受现场条件限制时，平面交叉范围内的设计速度可适当降低，但不宜小于基本路段设计速度的0.7倍，且与基本路段的设计速度差不应超过20km/h。

条文说明

直行道路指有直行车道穿过平面交叉的交叉公路或匝道等。

11.3.2 平面交叉范围内直行道路的圆曲线半径不应小于表11.3.2的规定值。

表11.3.2 平面交叉范围内直行道路圆曲线最小半径

直行道路设计速度（km/h）		80	70	60	50	40	35	30
圆曲线最小半径（m）	一般值	1 050	910	670	460	320	230	160
	极限值	660	560	400	260	170	120	80

条文说明

控制平面交叉范围内直行道路圆曲线的最小半径，是为将超高控制在一个容许的范围内。表中圆曲线最小半径的确定依据为：一般值按超高不大于2%取值，极限值按超高不大于3%取值。

11.3.3 平面交叉范围内直行道路的纵坡不宜大于2.5%，当条件受限时，不应大于3%。

11.3.4 当平面交叉采用主路优先的交通管理方式时，在平面交叉前后的安全交叉停车视距范围内，主路凸形竖曲线半径不应小于表11.3.4的规定值。

表11.3.4 安全交叉停车视距范围内主路凸形竖曲线最小半径

主路设计速度（km/h）	100	80	60	40	30
凸形竖曲线最小半径（m）	16 000	8 000	3 500	1 300	800

条文说明

当主路采用安全交叉停车视距时，主路凸形竖曲线最小半径按满足安全交叉停车视距的要求确定。

11.4 转弯车道

11.4.1 平面交叉转弯车道的设计速度宜采用 20~30km/h，最大不应超过 40km/h。

11.4.2 平面交叉转弯车道的圆曲线半径不应小于表 11.4.2 的规定值，左转弯车道不应小于表中一般值。

表 11.4.2 转弯车道圆曲线最小半径

转弯车道设计速度（km/h）		40	35	30	25	20
圆曲线最小半径（m）	一般值	70	55	40	30	20
	极限值	55	40	30	20	15

条文说明

（1）转弯车道圆曲线最小半径按超高 2% 确定。

（2）左转弯车道一般难以设置超高，最不利情况下还可能出现反向横坡，当反向横坡不超过 2% 时，最小半径一般值尚能适应，故规定左转弯车道圆曲线最小半径不应小于表中一般值。

11.4.3 平面交叉转弯车道宽度不宜小于表 11.4.3 的规定值，车道两侧应设置不小于 0.5m 的侧向余宽。当需考虑货车列车等大型车的通行需求时，车道宽度应相应增加。

表 11.4.3 平面交叉转弯车道宽度

转弯车道圆曲线半径 R（m）	$15 \leqslant R < 16$	$16 \leqslant R < 18$	$18 \leqslant R < 20$	$20 \leqslant R < 23$	$23 \leqslant R < 28$	$28 \leqslant R < 34$	$34 \leqslant R < 46$	$46 \leqslant R < 69$	$R \geqslant 69$
转弯车道宽度（m）	7.5	7.0	6.5	6.0	5.5	5.0	4.5	4.0	3.5

条文说明

表中转弯车道宽度按通过一辆铰接列车的通行条件确定，故规定当需考虑货车列车等大型车的通行需求时，车道宽度应相应增加。

11.4.4 平面交叉右转弯车道宜设置不小于 2% 的超高，当导流岛长度小于 25m 或超高过渡困难时，可适当减小超高值；当不得已出现反向横坡时，反向横坡值不应大于 2%，且圆曲线半径不应小于表 11.4.2 规定的一般最小值。

11.4.5 当平面交叉右转弯车道超高与相邻路面横坡不一致时,其间应设置超高过渡段,或通过立面设计调整路面高程使其圆滑过渡。

11.5 被交叉公路侧平面交叉

11.5.1 被交叉公路侧平面交叉位置的选择应综合考虑互通式立体交叉形式、被交叉公路线形、通视条件、地形和用地等因素。

条文说明

部分苜蓿叶形、菱形和四岔单喇叭形等一般互通式立体交叉在被交叉公路侧均设有平面交叉,其位置在很大程度上取决于互通式立体交叉的形式,但平面交叉对交叉道路的线形和现场条件等又有其特殊的要求,故本条规定平面交叉位置的确定应综合考虑互通式立体交叉的形式和被交叉公路线形等相关因素。

11.5.2 在被交叉公路上,匝道端部平面交叉与其他平面交叉之间的距离(图 11.5.2)应满足渠化和交织等需要,且不应小于表 11.5.2 的规定值。

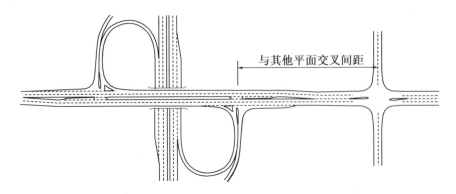

图 11.5.2 被交叉公路侧平面交叉间距示意图

表 11.5.2 匝道端部平面交叉与其他平面交叉最小间距

被交叉公路设计速度（km/h）	100	80	60	40	30
与其他平面交叉最小间距（m）	260	210	180	150	120

条文说明

匝道端部平面交叉与其他平面交叉的最小间距包括设置加、减速和交织车道等所需要的长度,该距离同时大于安全交叉停车视距。

11.5.3 被交叉公路侧的平面交叉应通过设置分隔岛、导流岛和标线等进行渠化(图 11.5.3)。渠化设计应符合下列要求:
1 应为车辆提供清晰的路线引导。

2 应提供清晰的转弯车道。
3 应为来自直行车道的左转弯车辆提供等候转弯的附加车道。
4 应通过渠化减小交叉冲突面积。
5 应通过渠化防止车辆误行、相互侵占车道和干扰运行路线。

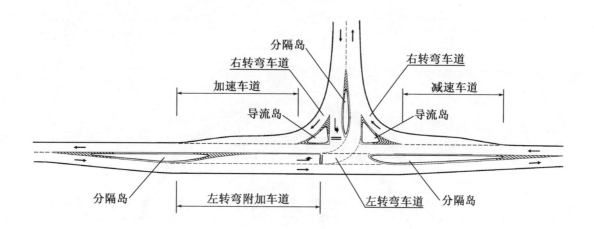

图 11.5.3 被交叉公路侧平面交叉渠化要素示意图

11.5.4 当平面交叉的交叉角度小于70°时，应通过调整匝道线形或通过分隔岛和导流岛的布置使交叉角度接近于直角（图11.5.4）。

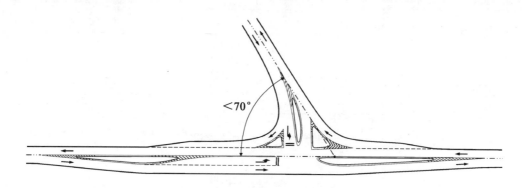

图 11.5.4 斜交正做的渠化方案示意图

11.5.5 当为部分苜蓿叶形和四岔单喇叭形等互通式立体交叉的T形平面交叉时，根据被交叉公路等级和交通量分布等，可采用如图 11.5.5 所示的渠化方式。渠化方式的采用应符合下列规定：

1 当被交叉公路为三级公路和四级公路时，可采用仅设分隔岛或分隔岛加部分导流岛的渠化方式［图 11.5.5a）、图 11.5.5b）］。

2 当被交叉公路为三级以上公路时，宜采用设分隔岛加导流岛的渠化方式［图 11.5.5c)、图 11.5.5d)］。

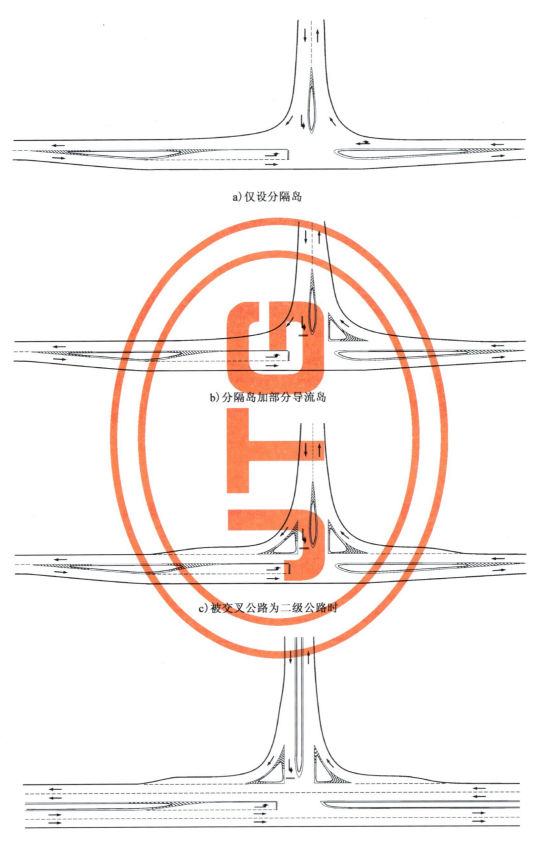

a) 仅设分隔岛

b) 分隔岛加部分导流岛

c) 被交叉公路为二级公路时

d) 被交叉公路为一级公路时

图 11.5.5　T 形平面交叉渠化示意图

11.5.6 在部分苜蓿叶形互通式立体交叉两平面交叉之间,应根据互通式立体交叉形式、平面交叉间距和渠化需要等设置附加车道。附加车道的设置和被交叉公路增加的宽度应符合下列规定:

1 在 A 型部分苜蓿叶形的两平面交叉之间,被交叉公路应增加一个附加车道宽度[图 11.5.6 a)]。

2 在 B 型部分苜蓿叶形的两平面交叉之间,应设置两条左转弯附加车道,被交叉公路在两平面交叉之间应增加一个附加车道宽度[图 11.5.6 b)]。

3 当 B 型部分苜蓿叶形的两平面交叉间距较小,且左转弯附加车道设置困难时,两左转弯附加车道可并列设置,被交叉公路在两平面交叉之间应增加两个附加车道宽度[图 11.5.6 c)]。

4 AB 型部分苜蓿叶形的两平面交叉之间应设置一条左转弯附加车道,被交叉公路在两平面交叉之间应增加一个附加车道宽度[图 11.5.6 d)]。

5 当为六匝道部分苜蓿叶形时,A 型两平面交叉之间可不设置附加车道;B 型和 AB 型两平面交叉之间附加车道的设置和被交叉公路增加的宽度应符合本条第 2~4 款的规定。

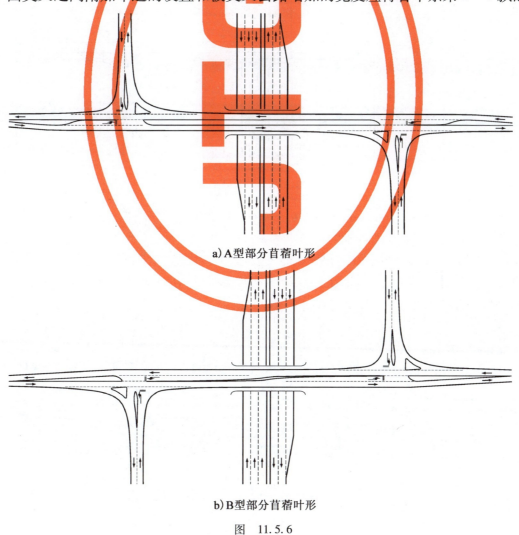

a) A 型部分苜蓿叶形

b) B 型部分苜蓿叶形

图 11.5.6

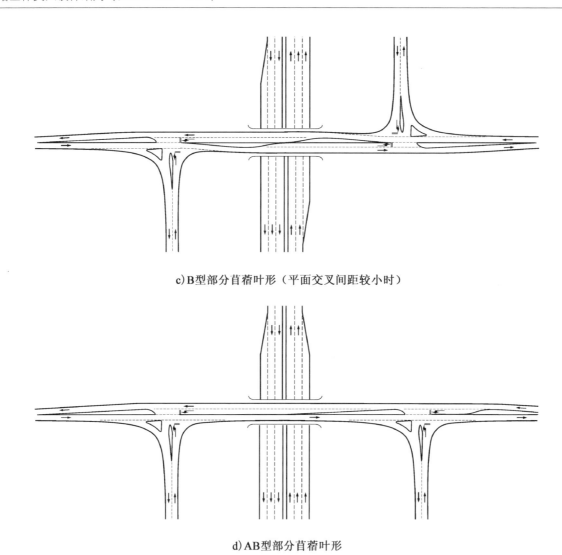

c) B型部分苜蓿叶形（平面交叉间距较小时）

d) AB型部分苜蓿叶形

图11.5.6　部分苜蓿叶形互通式立体交叉的平面交叉布置示意图

11.5.7　菱形互通式立体交叉的平面交叉应通过渠化防止车辆错误直行、错误右转或错误左转。平面交叉范围内，匝道左侧路面边缘线应与左转弯车辆行驶轨迹相一致，并宜与被交叉公路路面边缘线相割（图11.5.7）。

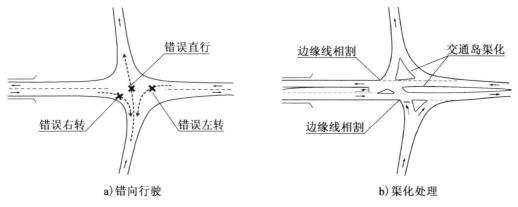

a) 错向行驶　　　　　　　　　　　b) 渠化处理

图11.5.7　菱形平面交叉渠化示意图

11.5.8 在菱形互通式立体交叉两平面交叉之间,应根据平面交叉间距和渠化需要等设置附加车道。附加车道的设置和被交叉公路增加的宽度应符合下列规定:

1 两平面交叉之间应设置两条左转弯附加车道,被交叉公路在两平面交叉之间应增加一个附加车道宽度[图11.5.8 a)]。

2 当两平面交叉间距较小,且左转弯附加车道设置困难时,两左转弯附加车道可并列设置,被交叉公路在两平面交叉之间应增加两个附加车道宽度[图11.5.8 b)]。

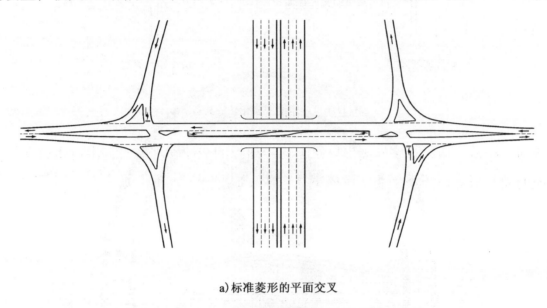

a) 标准菱形的平面交叉

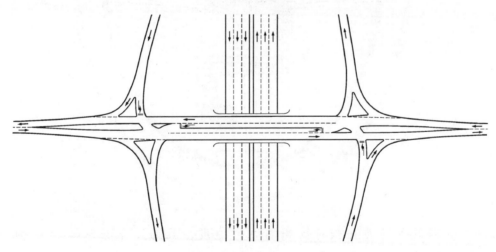

b) 平面交叉间距较小时

图11.5.8 菱形互通式立体交叉的平面交叉布置示意图

11.6 匝道平面交叉

11.6.1 匝道与匝道之间的平面交叉可采用交叉冲突或交织冲突等类型。当条件受限时,匝道之间或匝道与连接线之间的分、合流连接部可按平面交叉转弯车道的标准设计（图11.6.1）。

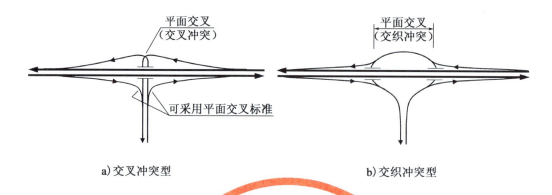

图11.6.1 匝道平面交叉的类型

11.6.2 匝道平面交叉应采用出口匝道优先通行的交通管理方式，出口匝道在平面交叉之前的视距应采用安全交叉停车视距（图11.6.2）。

图11.6.2 三岔菱形互通式立体交叉

条文说明

来自高速公路的车辆具有相对较高的运行速度，且为避免排队车辆影响到主线出口，故规定应采用出口匝道优先通行的交通管理方式。

11.6.3 匝道平面交叉中优先通行的转弯车道应设置超高，且超高不应小于2%。

11.6.4 优先通行匝道在平面交叉前后50m范围内的纵坡不应超过2.5%，非优先通行匝道的纵坡应服从优先通行匝道的横坡。

条文说明

受合成坡度的影响，非优先通行匝道的纵坡往往会大于优先通行匝道的纵坡，故对优先通行匝道的最大纵坡比其他直行道路有更严格的控制。

11.6.5 匝道平面交叉应通过渠化防止车辆错误直行或错误右转。匝道路面边缘线应与车辆行驶轨迹相一致，匝道路面边缘线之间及匝道路面边缘线与连接线路面边缘线之间宜相割（图11.6.5）。

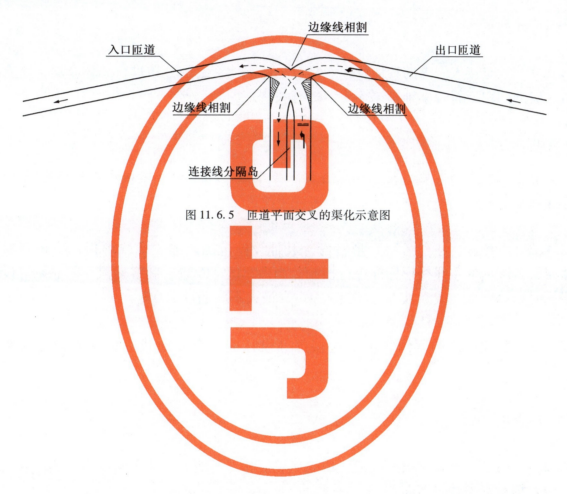

图 11.6.5　匝道平面交叉的渠化示意图

12 其他设施接入

12.1 一般规定

12.1.1 具有接入需求的其他设施应结合公路立体交叉的分布进行总体布局，所有相邻出入口的间距应符合本细则第5.4节的有关规定。

条文说明

具有接入需求的其他设施包括服务区、停车区、观景台、客运汽车停靠站及U形转弯设施等。

12.1.2 服务区、停车区和U形转弯等其他设施范围内的主线线形指标应按互通式立体交叉范围内的主线线形标准进行控制。当停车区、观景台和客运汽车停靠站等设于主线侧时，该路段主线纵坡不宜超过2.0%，最大不应超过3.0%。

12.1.3 其他设施的匝道线形及连接部等设计应符合互通式立体交叉设计的有关规定。

12.2 服务区

12.2.1 服务区形式应根据服务区功能、规模和现场地形条件等确定。在地形复杂地段，应根据地形条件灵活布置。

12.2.2 服务区相对于主线的立面布局宜根据地形、地质和排水等条件布设为齐平式、上抬式或下压式（图12.2.2）；有条件时，宜采用上抬式。

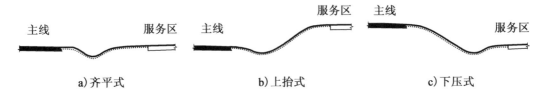

图12.2.2 服务区相对于主线立面布局示意图

12.2.3 服务区出、入口匝道、连接匝道及贯穿车道的设计速度可采用40km/h。当受地形、地物等限制时，可根据主线设计速度适当降低，但不应小于30km/h。

12.2.4 服务区匝道宜采用互通式立体交叉单向单车道匝道的横断面，服务区匝道平纵面线形、变速车道和鼻端等的设计应符合互通式立体交叉匝道及连接部设计的有关规定。

12.2.5 服务区入口匝道的长度不应小于60m，出口匝道的长度不应小于表12.2.5的规定值（图12.2.5）。

表12.2.5 服务区出口匝道最小长度

主线设计速度（km/h）	120	100	80	60
服务区出口匝道最小长度（m）	110	90	80	60

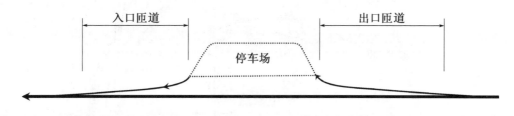

图12.2.5 服务区出、入口匝道示意图

条文说明

匝道长度为主线鼻端至停车场入口或出口间的长度，当设有贯穿车道时，为主线鼻端至匝道与贯穿车道鼻端间的长度。最小长度根据运行速度过渡所需要的距离等确定。

12.2.6 服务区与互通式立体交叉宜分开设置，当分设困难时，可合并设置。服务区与互通式立体交叉的合并设置应符合下列规定：

 1 互通式立体交叉和服务区的交通流线应统一布置，在保证互通式立体交叉匝道连续和便捷的前提下应简化交通流线的组合。
 2 互通式立体交叉和服务区在主线上的出、入口宜合并为单一的出、入口。
 3 服务区宜利用互通式立体交叉内部用地进行布置，并宜分设于主线两侧［图12.2.6 a)］，当条件受限时，服务区可集中设于主线一侧［图12.2.6 b)］。
 4 当受地形、用地条件限制，或为利用风景资源时，服务区可设置于互通式立体交叉外部，其间利用匝道相连接［图12.2.6 c)］。

条文说明

当服务区与互通式立体交叉合并设置时，交通流线数量及交通组织的复杂程度明显增加，当服务区采用单侧布置时，交通组织难度更为加大，故本条第3款规定服务区宜分设于主线两侧。

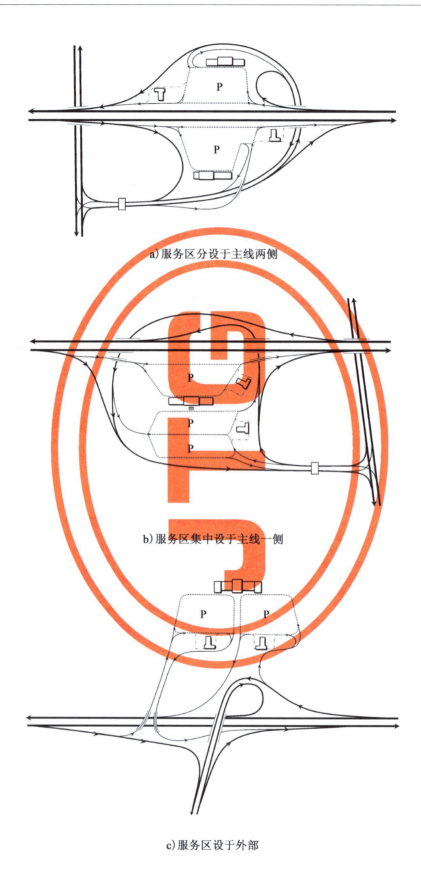

a) 服务区分设于主线两侧

b) 服务区集中设于主线一侧

c) 服务区设于外部

图 12.2.6 服务区与互通式立体交叉合并设置示例

12.2.7 当服务区与互通式立体交叉合并设置时，服务区匝道相邻鼻端之间的距离不应小于表 12.2.7 的规定值。服务区匝道分岔后至停车场的距离不应小于 40m（图12.2.7）。

表 12.2.7 服务区匝道相邻鼻端最小间距

主线设计速度（km/h）	120	100	80	60
相邻鼻端最小间距（m）	210	180	160	140

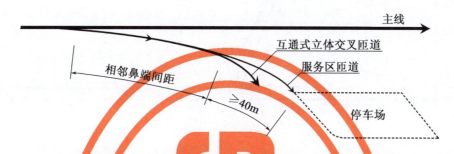

图 12.2.7 服务区与互通式立体交叉合并设置时各端部间距示意图

条文说明

（1）相邻分流鼻端之间的最小距离为驾驶人从发现、认读标志到采取措施所需要的最小距离再加上第二个分流端部斑马线三角区的长度。

（2）相邻合流鼻端之间的最小距离与相邻分流鼻端之间的最小距离取值相同。

（3）服务区匝道分岔后至停车场的最小距离为运行速度过渡所需要的最小距离。

12.3 客运汽车停靠站

12.3.1 客运汽车停靠站宜与互通式立体交叉或分离式立体交叉合并设置。在被交叉公路或连接线上，应与主线客运汽车停靠站对应设置客运汽车换乘站，两站之间联络步道的长度不宜超过 300m。

12.3.2 在客运汽车停靠站与主线及匝道之间，应设置防止乘客进入主线或匝道的隔离设施。

12.3.3 当客运汽车停靠站与互通式立体交叉合并设置时，可根据现场条件采用设于主线侧或主线外等方式。高速公路客运汽车停靠站宜采用设于主线外的方式。

12.3.4 当客运汽车停靠站与互通式立体交叉合并设置且设于主线侧时，客运汽车停靠站的布置应符合下列规定：

1 客运汽车停靠站宜设于出、入口匝道之间的三角区内，并应分别与出、入口匝道相连接［图12.3.4 a)］。

2 当因条件限制客运汽车停靠站需设于出、入口匝道之间的三角区外时，宜设置集散道将客运汽车停靠站与出、入口匝道相连接［图12.3.4 b)］。

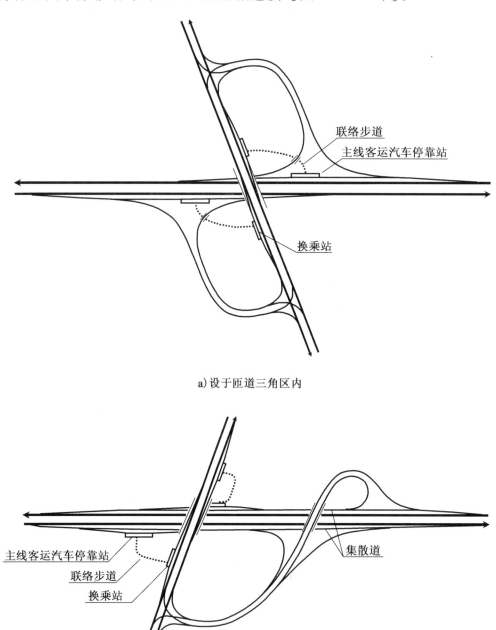

a) 设于匝道三角区内

b) 设于集散道上

图12.3.4 客运汽车停靠站设于主线侧示例

12.3.5 当客运汽车停靠站与互通式立体交叉合并设置且设于主线外时，主线客运汽车停靠站宜设于匝道或连接线上，并应设置掉头车道（图12.3.5）。

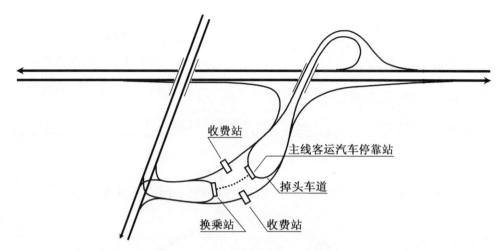

图 12.3.5 客运汽车停靠站设于主线外示例

12.3.6 当客运汽车停靠站与分离式立体交叉合并设置时，可采用设于主线侧的方式，且宜设置在主线下穿路段，客运汽车停靠站的减速车道宜设于跨线桥之前（图 12.3.6）。

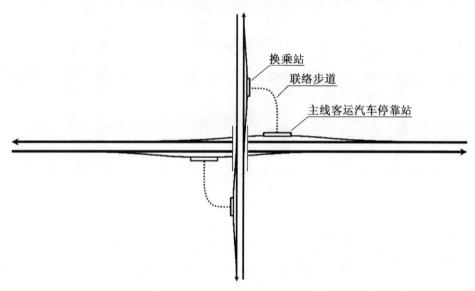

图 12.3.6 客运汽车停靠站与分离式立体交叉合并设置示意图

12.3.7 主线侧客运汽车停靠站的变速车道设计应符合下列规定（图 12.3.7）：

1 变速段长度不应小于表 12.3.7 的规定值。
2 减速车道渐变段的渐变率宜采用 1/20。
3 加速车道渐变段长度不宜小于 60m。
4 变速车道鼻端设计应符合本细则第 10.9 节的有关规定。

表 12.3.7 主线侧客运汽车停靠站变速段最小长度

主线设计速度（km/h）		120	100	80	60
变速段最小长度（m）	减速段	110	100	90	70
	加速段	150	130	110	80

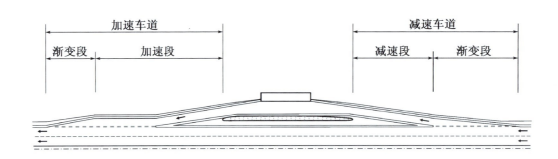

图 12.3.7　主线侧客运汽车停靠站的变速车道设计示意图

12.4　停车区与观景台

12.4.1　停车区出、入口匝道设计应符合服务区匝道设计的有关规定。

12.4.2　高速公路停车区和观景台宜采用设于主线外的方式。

12.4.3　当停车区和观景台设于主线侧时，其变速车道的设置应符合本细则第12.3.7条变速车道设计的有关规定。

12.5　U 形转弯设施

12.5.1　高速公路 U 形转弯设施应双向成对布设。根据现场条件，两 U 形转弯设施可集中设置或分散设置。

12.5.2　U 形转弯设施宜利用现有跨线桥或通道设置。根据地形及现有构造物等条件，与主线之间的交叉可选择下穿式或上跨式（图 12.5.2）。

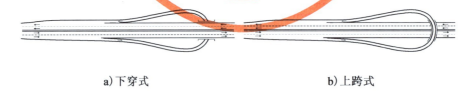

a) 下穿式　　　　　　　　　　b) 上跨式

图 12.5.2　U 形转弯设施示意图

12.5.3　非完全控制出入的多车道公路可采用平面交叉的壶柄式 U 形转弯设施（图 12.5.3）。

12.5.4　U 形转弯设施匝道基本路段的设计速度可采用 40km/h，当受现场条件限制时，掉头路段线形可采用平面交叉转弯车道标准，设计速度不宜低于 20km/h。

a) A型壶柄式　　　　　　　　　　　　b) B型壶柄式

图 12.5.3　平面交叉的壶柄式 U 形转弯设施示意图

12.5.5　U 形转弯设施匝道的平纵面线形、变速车道和鼻端等的设计应符合互通式立体交叉匝道及连接部设计的有关规定。

12.5.6　U 形转弯设施匝道横断面可采用图 12.5.6 所示类型，圆曲线路段的路面加宽值可由表 12.5.6 查取。

表 12.5.6　U 形转弯设施匝道圆曲线路段路面加宽值

U 形转弯设施匝道圆曲线半径 R (m)	$15 \leqslant R < 16$	$16 \leqslant R < 18$	$18 \leqslant R < 20$	$20 \leqslant R < 23$	$23 \leqslant R < 26$	$26 \leqslant R < 30$	$R \geqslant 30$
路面加宽值 (m)	2.5	2.0	1.5	1.0	0.5	0.25	0

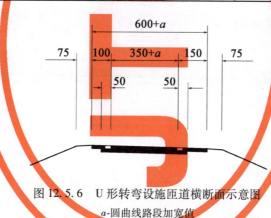

图 12.5.6　U 形转弯设施匝道横断面示意图
a-圆曲线路段加宽值

条文说明

表中路面加宽值根据通过一辆铰接列车的通行条件和图 12.5.6 所示标准宽度确定。

13 分离式立体交叉与跨线桥

13.1 一般规定

13.1.1 分离式立体交叉设计应综合考虑运行安全、功能、用地、环境及投资效益等因素。

13.1.2 当分离式立体交叉远期规划为互通式立体交叉时，应按规划的互通式立体交叉形式预留布设匝道的工程条件。

13.2 方案选择

13.2.1 分离式立体交叉主线上跨或主线下穿方案的选择应综合考虑交叉公路的等级、交叉公路与地形的适应性、视距要求、被交叉公路密度、用地和投资效益等因素。

13.2.2 当地形条件为次要控制因素时，主线上跨或下穿交叉方案的选择应符合下列规定：
1 当交叉公路主次明显时，等级较高、路基较宽的公路宜下穿。
2 被交叉公路在交叉附近与地方道路有平面交叉时，主线宜上跨。
3 有超限运输需求的公路宜上跨。

13.2.3 匝道与公路、匝道与匝道之间的立体交叉，应根据互通式立体交叉的形式、交叉状况、地形和环境条件等，综合考虑运行安全、空间造型和投资效益等因素确定上跨或下穿方案。

13.3 交叉公路

13.3.1 交叉公路等级、设计速度、横断面组成及平纵面线形指标等应采用其基本路段的设计标准。当有规划方案时，应按批准的规划标准设计。

13.3.2 当交叉公路带有平面交叉时，平纵面线形指标应符合本细则第 11.3 节的有关规定,横断面宽度应满足平面交叉渠化所需要的宽度。

13.3.3 当交叉公路带有非机动车道时,纵坡不宜大于 2.5%,当条件受限时,不应大于 3.5%。当纵坡大于或等于 2.5% 时,坡长应小于表 13.3.3 的规定值。

表 13.3.3 带非机动车道路段纵坡大于或等于 2.5% 时的最大坡长

纵坡(%)		3.5	3.0	2.5
最大坡长(m)	自行车	150	200	300
	三轮车	—	100	150

13.3.4 当交叉公路下穿时,路基形式可根据交叉状况、路基横断面组成、地形和地质条件等采用路堤式、路堑式或下沉式(图 13.3.4)。

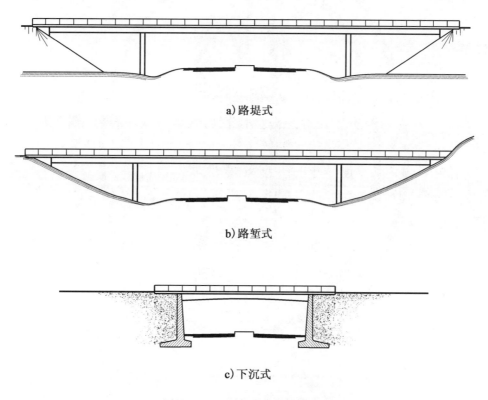

a) 路堤式

b) 路堑式

c) 下沉式

图 13.3.4 下穿公路的路基形式

13.3.5 下穿公路的净空应满足相应公路等级的建筑限界要求。当下穿公路有规划方案或采用分期修建方案时,应按批准的规划公路标准预留建筑限界。

13.3.6 当下穿公路中央分隔带、边分隔带或路侧设有墩、台、墙等构造物时,在构造物临车道一侧应设置防撞护栏,防撞护栏与构造物之间应留有护栏缓冲变形的空间[图 13.3.6 a)]。当混凝土护栏与侧墙整体修建时,护栏不应侵占硬路肩的宽度[图 13.3.6 b)]。

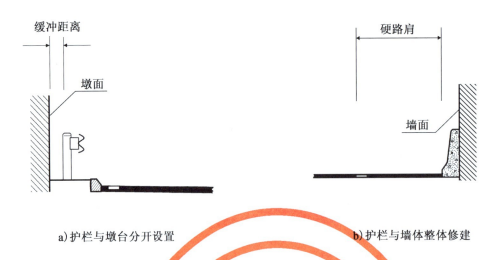

a) 护栏与墩台分开设置　　　　　　　　b) 护栏与墙体整体修建

图 13.3.6　下穿公路构造物前的护栏设置示意图

13.4 跨线桥

13.4.1 跨线桥结构形式应根据交叉公路横断面组成、交叉角度、跨径、净空限制、美观要求、地形、地质及投资效益等经综合比较后确定，并应符合下列规定：

1　结构形式应力求简洁、轻巧、均衡、空间开敞，并与周围环境相协调。

2　一般情况下或交叉角度较小时，宜采用梁、板式桥。

3　当需一跨跨越下穿公路、跨径较大、建筑高度受限且地质条件较好时，可选择刚构桥（图 13.4.1-1）。

4　当路堑较深或地质条件较好时，可选择拱桥。当上跨、下穿公路之间高差较大时，宜采用上承式拱桥（图 13.4.1-2）；当跨径大，且上跨、下穿公路之间高差受限时，可采用下承式或中承式拱桥。

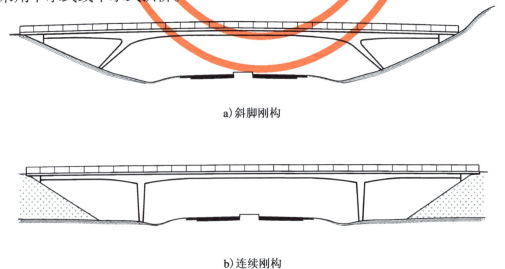

a) 斜脚刚构

b) 连续刚构

图　13.4.1-1

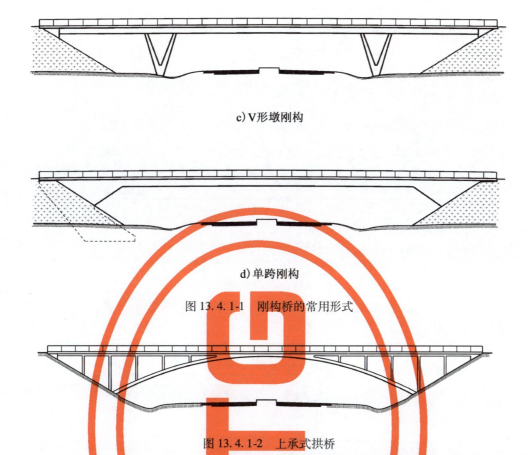

c) V形墩刚构

d) 单跨刚构

图 13.4.1-1　刚构桥的常用形式

图 13.4.1-2　上承式拱桥

13.4.2　跨线桥分孔应根据上跨、下穿公路的横断面组成、桥梁结构形式、地形和地质等条件确定，并应符合下列规定：

1　跨线桥分孔应满足下穿公路视距、路侧安全和空间连续性等要求。当下穿公路位于平曲线路段，且圆曲线半径较小时，设于分隔带的桥墩和路侧的墩、台位置应经视距检验后确定。

2　当下穿公路无分隔带时，跨线部分应单孔跨越。

3　当跨线桥较长时，分孔宜以上、下部结构总成本最低为原则，经综合比选后确定。

4　当跨线桥为不等跨多孔结构时，不同跨径之间的比例应符合均衡、连续等美学造型规律。

13.4.3　斜交跨线桥的布置应符合下列规定：

1　当交叉角度大于或等于60°时，宜采用斜桥斜布方案，墩、台及上部结构横梁等均与下穿公路平行［图 13.4.3 a)］。

2　当交叉角度小于60°且桥面较窄时，可采用斜桥正布方案，采用独柱墩支承板、梁结构，桥台按正交布置，但台前溜坡宜与下穿公路平行［图 13.4.3 b)］。当跨线桥为分离式时，左右幅应错位布置。当桥面较宽或可能出现明显偏载时，不应使用单支座独柱墩。

3 当交叉角度很小且桥面较宽时，可采用门架墩支承板、梁结构的跨越方式。

4 当跨线桥与下穿公路斜交且跨线桥较长时，跨线部分宜斜桥斜布，引桥部分可通过过渡孔斜转正后按正桥布置。

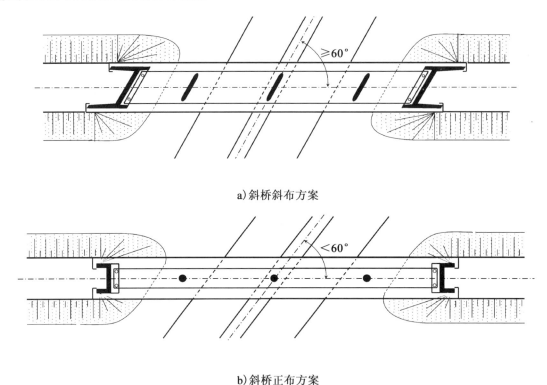

a) 斜桥斜布方案

b) 斜桥正布方案

图 13.4.3 斜交跨线桥的布置示意图

13.4.4 跨线桥的桥面雨水应通过纵向排水设施引至桥下公路排水沟，不应散排于下穿公路路面上。

13.4.5 当跨线桥跨越高速公路和一级公路时，应在跨越下穿公路桥段及两端各不小于10m范围内设置防撞护栏和防护网。

13.4.6 当上跨公路分期修建时，跨线桥宜按规划规模一次建成。

14 立体交叉的改扩建

14.1 一般规定

14.1.1 当公路立体交叉通行能力不足、运行安全问题突出、交叉公路改扩建或新增交叉公路时，公路立体交叉应予改扩建。

14.1.2 公路立体交叉改扩建设计应结合工程现状、新增交通条件等对拟改扩建方案的工程规模、技术标准、建设条件、交通组织、功能、安全、环境和投资效益等进行综合论证后，确定改扩建重点和改扩建方案。

14.1.3 公路立体交叉改扩建设计应采用新建工程的有关技术标准。

14.1.4 公路立体交叉的改扩建应进行施工期间的交通组织设计。

14.2 基础资料

14.2.1 公路立体交叉改扩建设计除应按本细则第5.2节的有关规定收集社会资料、交通资料和自然条件资料外，尚应收集既有工程资料、现状交通资料和运行安全资料等。

14.2.2 既有工程资料应包括既有实体工程的平纵面线形、路基、路面、桥涵、隧道及收费站等相关资料。交叉公路和匝道的平纵面线形应在现场测量采点的基础上进行线形拟合。

14.2.3 现状交通资料应包括现状交通量分布、交通组成、交通运行现状及改扩建期间交通组织的相关资料等。

14.2.4 公路立体交叉改扩建设计所采用的交通量应根据改扩建性质和规模确定，并应符合下列规定：
1 当因通行能力不足、运行安全问题突出等需要改扩建时，可在原公路立体交叉设计采用的交通量基础上，结合调查、收集的交通资料经修正后使用。当交叉公路有改扩建计划时，应采用交叉公路改扩建交通量预测年限的预测交通量。

2 当因交叉公路改扩建或新增交叉公路等需要改扩建时，应采用改扩建或新建公路交通量预测年限的预测交通量。

条文说明

1 当仅因公路立体交叉自身原因需要改扩建，而交叉公路无改扩建计划时，从性质上不涉及对交叉公路的改扩建，故本款规定可采用经修正后的原公路立体交叉设计采用的预测交通量。

2 当因交叉公路改扩建或新增交叉公路等需要改扩建时，立体交叉交通量预测年限与交叉公路一致，故本款规定应采用改扩建或新建公路交通量预测年限的预测交通量。

14.2.5 运行安全资料应包括立体交叉区域内交通事故数据和事故形态等，对事故多发路段应进行现场观测并取得相关实测资料。

14.3 现状评价

14.3.1 根据调查收集的基础资料，应对拟改扩建工程的几何技术指标、交通适应性、运行安全以及路基、路面、桥梁、隧道和收费站等的服役现状等进行评价，评价结论应作为确定立体交叉改扩建重点和改扩建方案的主要依据。

条文说明

现状评价内容包括几何构造、服务水平、运行和安全状况以及服役现状等，本细则归纳为几何技术指标、交通适应性和运行安全等几个方面。

14.3.2 几何技术指标评价内容应包括各交叉公路和匝道设计速度与实际运行速度的一致性、运行速度的连续性以及技术指标与有关技术标准的符合性等。

14.3.3 交通适应性评价内容应包括各交叉公路、匝道及匝道连接部实际服务水平与现状和预测交通量的适应性等。

14.3.4 运行安全评价应重点对立体交叉的位置、间距、形式、匝道及其出入口、视距、标志、标线、平面交叉及运行安全状况等进行全面分析，并应结合调查资料对交通事故成因进行分析，提出相应的改扩建对策。

14.3.5 路基、路面、桥梁、隧道和收费站等的评价内容应包括使用现状、结构安全与稳定状态、病害及整治情况以及是否满足利用要求等。

14.4 改扩建方案

14.4.1 公路立体交叉改扩建方案设计应符合本细则第5.1.1条规定的原则，并应符合下列规定：
1 应满足设计目标年的功能要求，并应预留远期发展空间。
2 应考虑改扩建方案的可行性，有利于施工期间现有交通的通行、运行安全及施工安全。
3 应考虑改扩建方案的合理性，实现全寿命周期的效益最优。
4 应充分利用原有工程和用地，废弃部分应予拆除。

条文说明

改扩建设计的实质为根据新的交通条件和功能定位等进行新的设计，因此其设计原则与新建工程一致，本条仅针对改扩建工程的特点做了补充。

14.4.2 分离式立体交叉改扩建方案应根据交叉工程现状、交叉公路改扩建方案和交叉状况等确定。当下穿公路需要改扩建，且现有跨线桥跨径不足时，应对跨线桥重新布孔并予重建。当仅上跨公路需要改扩建时，应对原有桥梁进行技术状况评估；当现有跨线桥可以利用时，宜采用拼宽原桥梁的方案，否则应拆除重建。

14.4.3 互通式立体交叉改扩建方案应根据交叉工程现状、改扩建重点、交叉公路改扩建方案和新增交叉公路方案等确定。

14.4.4 当互通式立体交叉的改扩建重点为提高通行能力时，应根据交通适应性评价结论提出针对性的改扩建方案。改扩建方案设计应符合下列规定：
1 当匝道通行能力不足时，宜采用加宽匝道增加车道数的方案；当原有匝道形式不能适应交通需求时，应按匝道整体重建方案设计。
2 当交织区通行能力不足时，应根据交通量大小加长交织长度或增加交织车道数。当加长交织长度或增加交织车道数仍不能满足通行能力要求时，可加设立体交叉匝道减少交织交通量、分离交织区或消除交织区。
3 当原立体交叉缺省某方向匝道而该方向实际交通需求明显时，应新建该方向匝道。
4 当变速车道通行能力不足时，应根据通行能力验算结果增加变速车道长度。当匝道为双车道但变速车道为单车道时，可改建为双车道变速车道。
5 当匝道端部平面交叉通行能力不足时，应根据交通量大小、组成及分布，采用完善几何形式、提高渠化水平、改善交通管理方式、增加立体交叉匝道或改建为完全立体交叉型等方案。

条文说明

（1）专题研究结果表明，互通式立体交叉通行能力不足的问题主要反映在匝道基本路段和匝道连接部的通行能力不足等方面，进一步体现在车道数不够、运行速度过低导致通行能力下降，以及交织区、变速车道和平面交叉构造不合理等方面，本条据此给出了针对性的规定。

（2）加设立体交叉匝道是改善交织区运行条件的有效手段之一（图14-1）。故本条第2款规定，当加长交织长度或增加交织车道数仍不能满足通行能力要求时，可加设立体交叉匝道。

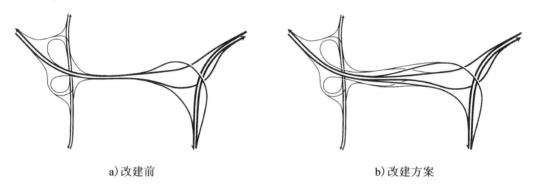

a) 改建前　　　　　　　　　　　　　　b) 改建方案

图14-1　加设立体交叉匝道的改建方案示例

14.4.5　当互通式立体交叉的改扩建重点为提高运行安全水平时，应根据运行安全评价结论提出针对性的改扩建方案。改扩建方案设计应符合下列规定：

1　当出入口设置方式不当时，应按一致性设计要求调整匝道，统一从主线右侧出入或合并连续的出入口。
2　当视距不良时，应通过清除障碍物、调整线形或降低运行速度等改善路段视距。
3　当连接部车道数不平衡时，应通过改善连接部的几何构成、调整车道布局等措施保证车道平衡及主车道的连续性。
4　当运行速度不连续时，应对该路段的平纵面线形进行优化调整。
5　当相邻鼻端间距不符合本细则第10.5节的有关规定时，应对鼻端位置进行调整。
6　当匝道端部平面交叉交通事故频发时，应改建平面交叉或增设交通设施等。
7　当因出口信息不清等导致错路运行事故频发时，应强化重要信息并清除冗余信息。

条文说明

专题研究结果表明，在互通式立体交叉范围内，诱发交通事故的主要因素为运行条件缺乏一致性、视距不良、方向诱导不足、提供的信息不合理、车道不平衡和间距不足等。其中，匝道由主线左侧接入是与一致性相悖的典型例子，故本条第 1 款规定，当出入口设置方式不当时，应按一致性设计要求调整匝道（图 14-2）。

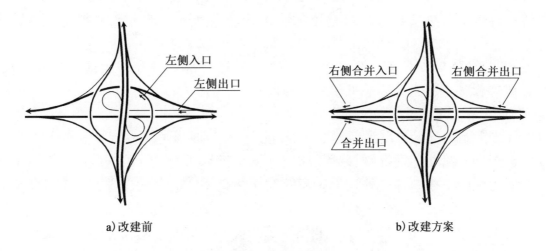

图 14-2 调整出口方式改建方案示例

14.4.6 当因交叉公路改扩建致互通式立体交叉需要改扩建时，应根据交叉公路改扩建方案和立体交叉现状评价结论等提出改扩建方案。改扩建方案设计应符合下列规定：

1 当因交叉公路等级的提高等而使互通式立体交叉的地位和功能发生改变时，互通式立体交叉形式应按整体重建方案设计。

2 当既有互通式立体交叉各部位满足设计通行能力要求时，宜按匝道局部改建方案设计（图 14.4.6）；当按局部改建设计的匝道线形不能满足有关技术标准的要求时，应按匝道整体改建方案设计。

3 当既有互通式立体交叉通行能力不足或存在运行安全问题时，改扩建方案设计应符合本细则第 14.4.4 和 14.4.5 条的有关规定。

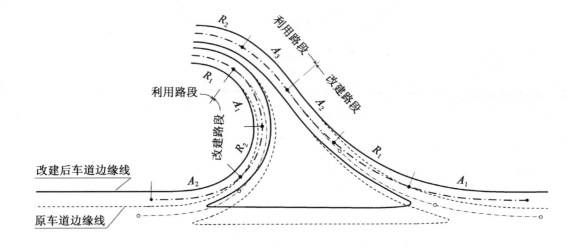

图 14.4.6 匝道局部改建方案设计示意图

条文说明

1 当因主线或被交叉公路改扩建致互通式立体交叉需要改扩建时，因被改扩建公路等级的提高等原因，互通式立体交叉的功能和地位可能发生较大改变，出入交通量也会随之增加，故本款规定当发生此种情况时，互通式立体交叉形式应按整体重建方案设计。

2 匝道局部改建方案多出现在交叉公路改扩建的情况，当原匝道线形指标较高、曲线元长度较长时才可能具有采用该方案的条件。

14.4.7 当因新增交叉公路致新增交叉岔数或新增互通式立体交叉时，应结合路网现状、规划、新增公路功能及等级等对互通式立体交叉的功能进行重新定位，并在充分利用原有工程的原则下按新建工程设计。互通式立体交叉的方案设计应符合下列规定：

1 当新增交叉公路在既有互通式立体交叉处接线时，可根据交通量的重新分布、交通流线的主次地位、交叉岔数和现场条件等，按多岔交叉互通式立体交叉设计。

2 当新增交叉公路在既有互通式立体交叉附近接线时，可根据两节点的距离和交通量的重新分布，按复合式互通式立体交叉方案设计。

3 当新增交叉公路距既有互通式立体交叉较远并按新增互通式立体交叉设计时，新增互通式立体交叉与相邻既有互通式立体交叉或其他设施的间距应符合本细则第5.4节的有关规定。

条文说明

当因新增交叉公路致新增交叉岔数，或新增互通式立体交叉时，互通式立体交叉的功能和地位基本被改变。改建前是一般互通式立体交叉，改建后可能成为枢纽互通式立体交叉；改建前可能是四岔交叉，改建后可能成为多岔或复合式互通式立体交叉。故本条规定应按新建工程设计。

14.4.8 当因收费制式或互通式立体交叉功能的改变而取消匝道收费站时，应按无收费站影响的运行条件设计互通式立体交叉的改建方案。

14.5 交通组织

14.5.1 在公路立体交叉改扩建施工期间，维持临时通车路段可采用比现有公路低一级的服务水平。

14.5.2 维持临时通车路段的设计速度应根据原有公路的设计速度、施工区的安全运行速度以及设计服务水平等确定，车道数应根据现有交通量和设计服务水平确定，车道宽度不宜小于3.50m。

14.5.3 公路立体交叉改扩建施工期间的交通组织应根据改扩建工程方案、工程规模、施工方案和路网状况等采用路网分流、路段分流或工点控制等方案。交通组织设计应符合下列规定：

1 当改建路段较长，且路网具备分流条件时，宜采用路网分流方案。可利用路网中的其他公路和节点进行完全分流或部分分流。

2 当改建路段较短，且无路网分流或通过路网仅有部分分流时，宜采用路段分流方案。可通过增加临时通车便道或利用邻近的平行公路对局部路段进行分流。

3 改扩建工程的局部工点宜采用工点控制方案。通过施工工序的安排和交通引导，可利用施工封闭区外的现有公路或匝道，或分阶段利用新建公路或匝道，保障临时通车需求。

4 当公路立体交叉为单项工程时，改扩建期间的交通组织宜采用工点控制方案。

条文说明

通过路网分流有实现全封闭施工的可能性，但当立体交叉为单项工程时，工点控制方案对现有公路设施利用率最高、成本最低，故本条第4款规定当公路立体交叉为单项工程时，改扩建期间的交通组织宜采用工点控制方案。

14.5.4 分离式立体交叉与跨线桥改扩建期间的交通组织设计应符合下列规定：

1 当上跨桥原址改建且为双幅桥，或虽为单幅桥但仅加宽桥面时，可采用半幅施工、半幅通行的工点控制方案。

2 当上跨桥移位新建时，可先利用旧桥通车，新桥通车后再拆除旧桥。

3 当上跨桥在原址整体新建，且有邻近的跨线桥可利用时，宜采用路段分流方案，否则宜将新建桥移出原桥位。

4 下穿公路宜利用施工封闭区外的现有路面或设置临时通车便道等保障通车需求。

14.5.5 互通式立体交叉改扩建期间的交通组织设计应符合下列规定：

1 当互通式立体交叉采用工点控制方案组织交通困难时，可利用邻近的互通式立体交叉临时进行交通转换。

2 当仅加宽匝道时，可采用边通车、边加宽的方式。

3 当匝道局部改建或整体改建，且原有匝道可利用时，应充分利用原有匝道维持临时通车，否则应设置临时通车匝道保障通车需求。

4 新建或改建匝道完工后，应及时接通新的运行路线，拆除废弃工程并对路基边坡和互通式立体交叉内部场地进行修整。

14.5.6 在公路立体交叉改扩建施工期间，施工区域应与运营车辆通行区域相隔离，临时通车路段前后应设置必要的警示标志和过渡段。

本细则用词用语说明

1 本细则执行严格程度的用词，采用下列写法：
1）表示很严格，非这样做不可的用词，正面词采用"必须"，反面词采用"严禁"；
2）表示严格，在正常情况下均应这样做的用词，正面词采用"应"，反面词采用"不应"或"不得"；
3）表示允许稍有选择，在条件许可时首先应这样做的用词，正面词采用"宜"，反面词采用"不宜"；
4）表示有选择，在一定条件下可以这样做的用词，采用"可"。

2 引用标准的用语采用下列写法：
1）在总则中表述与相关标准的关系时，采用"除应符合本细则的规定外，尚应符合国家和行业现行有关标准的规定"；
2）在条文中，当引用的标准为国家标准和行业标准时，表述为"应符合《×××××》（×××）的有关规定"；
3）当引用本细则中的其他规定时，表述为"应符合本细则第×章的有关规定"、"应符合本细则第×.×节的有关规定"、"应符合本细则第×.×.×条的有关规定"或"应按本细则第×.×.×条的有关规定执行"。

公路工程现行标准、规范、规程、指南一览表

(2015年3月版)

序号	类别	编　号	书名(书号)	定价(元)
1	基础	JTG A02—2013	公路工程行业标准制修订管理导则(10544)	15.00
2		JTG A04—2013	公路工程标准编写导则(10538)	20.00
3		JTJ 002—87	公路工程名词术语(0346)	22.00
4		JTJ 003—86	公路自然区划标准(0348)	16.00
5		JTG B01—2014	公路工程技术标准(活页夹版,11814)	98.00
6		JTG B01—2014	公路工程技术标准(平装版,11829)	68.00
7		JTG B02—2013	公路工程抗震规范(11120)	45.00
8		JTG/T B02-01—2008	公路桥梁抗震设计细则(1228)	35.00
9		JTG B03—2006	公路建设项目环境影响评价规范(0927)	26.00
10		JTG B04—2010	公路环境保护设计规范(08473)	28.00
11		JTG/T B05—2004	公路项目安全性评价指南(0784)	18.00
12		JTG B05-01—2013	公路护栏安全性能评价标准(10992)	30.00
13		JTG B06—2007	公路工程基本建设项目概算预算编制办法(06903)	26.00
14		JTG/T B06-01—2007	★公路工程概算定额(06901)	110.00
15		JTG/T B06-02—2007	★公路工程预算定额(06902)	138.00
16		JTG/T B06-03—2007	★公路工程机械台班费用定额(06900)	24.00
17		交通部定额站2009版	公路工程施工定额(07864)	78.00
18		JTG/T B07-01—2006	公路工程混凝土结构防腐蚀技术规范(0973)	16.00
19		交通部2007年第30号	国家高速公路网相关标志更换工作实施技术指南(1124)	58.00
20		交通部2007年第35号	收费公路联网收费技术要求(1126)	62.00
21		JTG B10-01—2014	公路电子不停车收费联网运营和服务规范(11566)	30.00
22		交通运输部2011年	公路工程项目建设用地指标(09402)	36.00
23	勘测	JTG C10—2007	★公路勘测规范(06570)	28.00
24		JTG/T C10—2007	★公路勘测细则(06572)	42.00
25		JTG C20—2011	公路工程地质勘察规范(09507)	65.00
26		JTG/T C21-01—2005	公路工程地质遥感勘察规范(0839)	17.00
27		JTG/T C21-02—2014	公路工程卫星图像测绘技术规程(11540)	25.00
28		JTG/T C22—2009	公路工程物探规程(1311)	28.00
29		JTG C30—2015	公路工程水文勘测设计规范(12063)	70.00
30	设计	公路	JTG D20—2006	★公路路线设计规范(0996)	38.00
31			JTG/T D21—2014	公路立体交叉设计细则(11761)	60.00
32			JTG D30—2004	公路路基设计规范(05326)	48.00
33			JTG/T D31—2008	沙漠地区公路设计与施工指南(1206)	32.00
34			JTG/T D31-02—2013	公路软土地基路堤设计与施工技术细则(10449)	40.00
35			JTG/T D31-03—2011	★采空区公路设计与施工技术细则(09181)	40.00
36			JTG/T D31-04—2012	多年冻土地区公路设计与施工技术细则(10260)	40.00
37			JTG/T D32—2012	公路土工合成材料应用技术规范(09908)	42.00
38			JTG D40—2011	★公路水泥混凝土路面设计规范(09463)	40.00
39			JTG D50—2006	★公路沥青路面设计规范(06248)	36.00
40			JTG/T D33—2012	公路排水设计规范(10337)	40.00
41		桥隧	JTG D60—2004	公路桥涵设计通用规范(05068)	24.00
42			JTG/T D60-01—2004	公路桥梁抗风设计规范(0814)	28.00
43			JTG D61—2005	公路圬工桥涵设计规范(0887)	19.00
44			JTG D62—2004	公路钢筋混凝土及预应力混凝土桥涵设计规范(05052)	48.00
45			JTG D63—2007	公路桥涵地基与基础设计规范(06892)	48.00
46			JTJ 025—86	公路桥涵钢结构及木结构设计规范(0176)	20.00
47			JTG/T D65-01—2007	公路斜拉桥设计细则(1125)	28.00
48			JTG/T D65-04—2007	公路涵洞设计细则(06628)	26.00
49			JTG D70—2004	公路隧道设计规范(05180)	50.00
50			JTG/T D70—2010	★公路隧道设计细则(08478)	66.00
51			JTG D70/2—2014	公路隧道设计规范　第二册　交通工程与附属设施(11543)	50.00
52			JTG/T D70/2-01—2014	公路隧道照明设计细则(11541)	35.00
53			JTG/T D70/2-02—2014	公路隧道通风设计细则(11546)	70.00
54		交通工程	JTG D80—2006	高速公路交通工程及沿线设施设计通用规范(0998)	25.00
55			JTG D81—2006	★公路交通安全设施设计规范(0977)	25.00
56			JTG/T D81—2006	★公路交通安全设施设计细则(0997)	35.00
57			JTG D82—2009	公路交通标志和标线设置规范(07947)	116.00
58		综合	交公路发〔2007〕358号	公路工程基本建设项目设计文件编制办法(06746)	26.00
59			交公路发〔2007〕358号	公路工程基本建设项目设计文件图表示例(06770)	600.00

续上表

序号	类别	编 号	书名（书号）	定价(元)
60	检测	JTG E20—2011	公路工程沥青及沥青混合料试验规程(09468)	106.00
61		JTG E30—2005	公路工程水泥及水泥混凝土试验规程(0830)	32.00
62		JTG E40—2007	★公路土工试验规程(06794)	79.00
63		JTG E41—2005	公路工程岩石试验规程(0828)	18.00
64		JTG E42—2005	公路工程集料试验规程(0829)	30.00
65		JTG E50—2006	★公路工程土工合成材料试验规程(0982)	28.00
66		JTG E51—2009	公路工程无机结合料稳定材料试验规程(08046)	48.00
67		JTG E60—2008	公路路基路面现场测试规程(07296)	38.00
68		JTG/T E61—2014	公路路面技术状况自动化检测规程(11830)	25.00
69	施工	公路	JTG F10—2006	公路路基施工技术规范(06221)	40.00
70			JTJ 034—2000	公路路面基层施工技术规范(0431)	20.00
71			JTG/T F30—2014	公路水泥混凝土路面施工技术细则(11244)	60.00
72			JTG/T F31—2014	公路水泥混凝土路面再生利用技术细则(11360)	30.00
73			JTG F40—2004	公路沥青路面施工技术规范(05328)	38.00
74			JTG F41—2008	公路沥青路面再生技术规范(07105)	25.00
75		桥隧	JTG/T F50—2011	★公路桥涵施工技术规范(09224)	110.00
76			JTG/T F81-01—2004	公路工程基桩动测技术规程(0783)	20.00
77			JTG F60—2009	公路隧道施工技术规范(07992)	42.00
78			JTG/T F60—2009	公路隧道施工技术细则(07991)	58.00
79		交通	JTG F71—2006	★公路交通安全设施施工技术规范(0976)	20.00
80			JTG/T F72—2011	公路隧道交通工程与附属设施施工技术规范(09509)	35.00
81	质检安全		JTG F80/1—2004	公路工程质量检验评定标准 第一册 土建工程(05327)	46.00
82			JTG F80/2—2004	公路工程质量检验评定标准 第二册 机电工程(05325)	26.00
83			JTG G10—2006	公路工程施工监理规范(06267)	20.00
84			JTJ 076—95	公路工程施工安全技术规程(0049)	12.00
85	养护管理		JTG H10—2009	公路养护技术规范(08071)	49.00
86			JTJ 073.1—2001	公路水泥混凝土路面养护技术规范(0520)	12.00
87			JTJ 073.2—2001	公路沥青路面养护技术规范(0551)	13.00
88			JTG H11—2004	公路桥涵养护规范(05025)	30.00
89			JTG H12—2015	公路隧道养护技术规范(12062)	60.00
90			JTG H20—2007	公路技术状况评定标准(1140)	15.00
91			JTG/T H21—2011	★公路桥梁技术状况评定标准(09324)	46.00
92			JTG H30—2004	公路养护安全作业规程(05154)	36.00
93			JTG H40—2002	公路养护工程预算编制导则(0641)	9.00
94	加固设计与施工		JTG/T J21—2011	公路桥梁承载能力检测评定规程(09480)	20.00
95			JTG/T J22—2008	公路桥梁加固设计规范(07380)	52.00
96			JTG/T J23—2008	公路桥梁加固施工技术规范(07378)	30.00
97	改扩建		JTG/T L11—2014	高速公路改扩建设计细则(11998)	45.00
98			JTG/T L80—2014	高速公路改扩建交通工程及沿线设施设计细则(11999)	30.00
99	造价		JTG M20—2011	公路工程基本建设项目投资估算编制办法(09557)	30.00
100			JTG/T M21—2011	公路工程估算指标(09531)	110.00
1	技术指南		交公便字[2006]02号	公路工程水泥混凝土外加剂与掺合料应用技术指南(0925)	50.00
2			交公便字[2006]02号	公路工程抗冻设计与施工技术指南(0926)	26.00
3			厅公路字[2006]418号	公路安全保障工程实施技术指南(1034)	40.00
4			交公便字[2009]145号	公路交通标志和标线设置手册(07990)	165.00

注:JTG——公路工程行业标准体系;JTG/T——公路工程行业推荐性标准体系;JTJ——仍在执行的公路工程原行业标准体系。
批发业务电话:010-59757973;零售业务电话:010-85285659(北京);网上书店电话:010-59757908;业务咨询电话:010-85285922。带"★"的表示有勘误,详见中国交通运输标准服务平台 www.yuetong.cn/bzfw。